照见未来

——大学生职业生涯规划咨询案例精编

凌小梅　徐利军　主编

罗　锋　副主编

西南财经大学出版社

中国·成都

图书在版编目(CIP)数据

照见未来:大学生职业生涯规划咨询案例精编/徐利军主编;凌小梅,
罗锋副主编.—成都:西南财经大学出版社,2024.6

ISBN 978-7-5504-6191-8

Ⅰ.①照… Ⅱ.①徐…②凌…③罗… Ⅲ.①大学生—职业选择—案
例 Ⅳ.①G647.38

中国国家版本馆 CIP 数据核字(2024)第 096915 号

照见未来——大学生职业生涯规划咨询案例精编

ZHAOJIAN WEILAI——DAXUESHENG ZHIYE SHENGYA GUIHUA ZIXUN ANLI JINGBIAN

徐利军　主编
凌小梅　罗锋　副主编

责任编辑:陈子豪
责任校对:李思嘉
封面设计:墨创文化
责任印制:朱曼丽

出版发行	西南财经大学出版社(四川省成都市光华村街 55 号)
网　　址	http://cbs.swufe.edu.cn
电子邮件	bookcj@ swufe.edu.cn
邮政编码	610074
电　　话	028-87353785
照　　排	四川胜翔数码印务设计有限公司
印　　刷	郫县犀浦印刷厂
成品尺寸	170 mm×240 mm
印　　张	11.75
字　　数	162 千字
版　　次	2024 年 6 月第 1 版
印　　次	2024 年 6 月第 1 次印刷
书　　号	ISBN 978-7-5504-6191-8
定　　价	68.00 元

编　委　组

主　　编：徐利军

副 主 编：凌小梅　罗　锋

编委成员：吴龙霞　张碧倩　王　芳　孟伟伟

鸣谢案例作者

（以提供案例数量排序）

凌小梅　吴龙霞　张碧倩　邹　涛　王　芳

吴怡然　罗　锋　李　艳　张太富　曾　月

孟伟伟　王隆庆

编写说明

　　本书是职业生涯咨询的实践之作，由编者从西南财经大学职业生涯咨询团队 2019—2023 年的咨询案例中选择了具有代表性的 36 个案例编辑而成。本书按照年级和其对应的职业生涯主题分为五个部分，包括了本科一、二年级学生的自我认知和专业认知问题；大三学生的目标定向问题；大四学生升学就业选择问题；研一学生的求职焦虑和实习问题；研二、研三学生的多重选择问题。

　　自 2018 年以来，西南财经大学职业生涯咨询团队已完成咨询三千余次，咨询师们积累了大量实践经验，对学生不同阶段的职业生涯问题形成了一些自己的见解。本书可作为高校就业指导部门、职业生涯咨询师和学生工作者的专业参考资料，也可供各年级学生阅读，借鉴学习前人经验。

　　为更好地传递案例情况，还原咨询场景，本书案例在编写时采取了案例背景、咨询过程、咨询反思的三段式结构。真实的职业生涯咨询必然涉及介绍咨询原则、了解来访者基本情况并建立咨询关系的环节，但其内容较多，因此本书通过列明案例背景的方式节省篇幅，让文章更加精练、直接。在咨询过程的部分，部分咨询师采用纯粹的对话记录，部分咨询师使用描写加对话的方式，但都遵循了真实、客观反映咨询过程的原则。咨询反思部分是本书的特色所在，凝结了咨询师对咨询案例的理解和思考，尤其是咨询议题的锚定和破题，能为读者加深对职业生涯咨询的理解、提升咨询技术提供一定帮助。需要特别说明的是，本书出于保护隐私的目的，案例中涉及的所有人物、机构均进行了化名处理。

序言

　　职业生涯咨询和就业指导如何区分？职业生涯咨询与心理咨询又有什么不同？

　　以上问题是所有职业生涯咨询师都逃不开的疑惑，它们的答案决定了咨询师在日常的咨询工作中如何界定工作范围，采用何种技术，向着什么目标努力。

　　在实际工作中，职业生涯咨询与就业指导无法截然分开。学生的就业问题往往源于外因和内因的共同作用，通常是自我认知不清、外界信息缺乏和相关技能不足等因素的综合结果。因此，如果按照咨询的字面问题仅仅提供信息上和技能上的帮助有时并不能达到预期的效果，如果完全按照心理咨询的模式仅针对来访者的认知工作有时也不能帮助学生解决当下的具体问题。

　　不少老师纠结于如何固守"职业规划"的边界，担心将职业生涯咨询做成了"心理咨询"。其实，职业生涯咨询也好，心理咨询也罢，都是咨询师通过一对一的方式帮助学生促进个人适应社会和发展自身能力的服务，使用的技术是类似甚至相同的。二者之间的主要区别在于探讨主题的不同，但是有时它们也会相互交叉、重叠。

作为职业生涯咨询师，无须太过在意是否守住了"职业规划"的边界，重点在于是否能够围绕学生的需求，帮助学生解开头脑中的束缚，促进其适应和发展职业生涯。

为了更好地完成这个目标，需要咨询师在大量实践的基础上不断精进自己的咨询技术，更重要的是在不断体验中构建属于自己的咨询理念和生命哲学，内外兼修、道术结合，最终达到咨询中"如其所是，当下临在"的理想境界。

这本案例集正是编者本着这样的想法，五年来不断实践、思考、反馈、探索的产物。本书是西南财经大学职业生涯咨询团队的第一本正式作品，仓促之中，难免有不足之处，但希望读者能通过它，窥见目前大学生职业生涯发展中的常见问题，激发读者对于咨询技术的思考和讨论，加深对职业生涯咨询的理解。

心之道，道无涯。让我们继续在职业生涯咨询之路上结伴前行。

编者

2023 年 11 月

目录

大学初见
迷茫与光同在

终点亦或是起点

第一章 大学初见，挑战暗藏机遇

本章导读

初入大学，很多新生都会经历一场关于"自我"的思考。在职业生涯的维度中，这些思考常与"职业兴趣""职业选择"紧密联系在一起，产生一系列关于"方向"的迷茫和无措。新生们感到迷茫的原因，很可能是他们曾经拥有过一个十分明确的目标——"考上理想的大学"，这个目标指导了他们学习和生活的所有行为，使他们在心理上拥有极大的安全感。但进入大学后，所有人都站上了新的"赛道"，"比赛"的过程和结果充满了不确定性。"不知道自己适合什么、想要什么、能做什么"使得很多高中时期的"优等生"变得无所适从。本章的七个案例能够很典型地反映出大一、大二阶段学生的焦虑特征。

专业兴趣是职业兴趣的前置思考。当高考录取专业与兴趣不一致时，就会出现案例"跨越过去的挫折"中这种关于自我探索的困惑。通过咨询对话不断向内探索，来访者就可以澄清自己的专业（职业）兴趣所在。

外部世界的就业压力也会通过各种信息的渲染，使学生产生巨大的紧迫感，认为自己"如果不马上确定好职业方向并立即行动，就一定会'掉队'"。与这种紧迫相伴的是往往对外部职业世界的一无所知。如案例"莫急，大学之路漫漫"和案例"情绪背后隐藏的职业生涯问题"所描述的一样，学生受因于"因未知而无措"的状况。当来访者逐渐和真实的职业世界产生连接，了解了职业需求和职业内容后，这种紧迫感和无措感也会逐渐减轻。

直接就业、国内考研和出国（境）深造是本科生三个主要的毕业去向，如何引导低年级学生根据自己的职业兴趣进行探索，是咨询师和这个阶段来访者的主要目标。案例"明确选择，摆脱迷茫"和案例"考研还是就业？"展示了咨询师引导来访者进行自我探索和外部探索的过程。当然，启发来访者思考职业生涯问题之后，还有更重要的一步是引导其进一步前行——也就是让学生"行动起来"。只有当学生开始以实习、实践来认知行业，才算是真正踏上了职业生涯探索之旅。正如案例"我希望人生很有效率"和案例"想'躺平'的大二男生"中咨询师对来访者的共情和陪伴一样，当来访者深陷迷茫时，咨询师不仅要指出方向，更要尽己所能促使来访者行动。

对于刚进入大学的新生，迷茫和目标缺失是较为普遍的现象。当来访者带着无措和焦虑的情绪来到咨询室时，鼓励他勇敢地迈出"第一步"去尝试、体验、试错，使其在不断的实践中慢慢加深对自己和外界的认识，可能是咨询师能够给予来访者最大的支持和力量。

案例1　莫急，大学之路漫漫

咨询师：罗锋

一、案例背景

　　来访者，L 专业大一学生。来访者自述进入大学后，感到非常的迷茫。身边的同学都在忙着参加社团、学生会和各类比赛，而自己感觉找不到方向，不清楚自己的目标，不知道未来该考研、出国还是找工作，于是找咨询师咨询。

二、咨询过程

　　见到来访者时，我感觉她非常的青春朝气，但是也有点迷茫。我询问了她的来询目的。

　　来访者：开学好几个月了，身边的同学都在忙各自的事情，感觉很有方向感，而我感觉很迷茫，找不到方向。

　　咨询师：那你从开学到现在，是怎么分配时间的呢？

　　来访者：开学到现在，就是寝室、教室和食堂三点一线，生活非常规律，几乎没有参加学生活动和比赛，只参加了一个社团。

　　咨询师：那你对现在自己的状态满意吗？

　　来访者：通过几个月的学习，我感觉自己对专业的了解还是不够，参加的活动也比较少，感觉大学生活和自己之前预想的有些差距。

咨询师：那你理想中的大学生活是怎么样的呢？

来访者："我很羡慕身边的同学，他们知道自己每天要做什么，很有计划性和目标感，生活也很有条理和充实。"

咨询师："你现在对未来想做什么有初步的想法吗?"

来访者："没有什么概念，课程学习也还没有涉及专业学习，我对职场也缺乏了解。"

咨询师："大学一年级的学习，主要是通识教育，涉及的专业课程比较少，到大二接触得会多一些。你才一年级，对专业和未来职场的认识少一些是正常的，通过大学几年的时间，可以循序渐进地进行探索。"

来访者："有什么途径可以让自己的目标更清晰吗？"

咨询师："随着专业课程的学习，你可以逐步参与一些社会实践，包括暑期实习等，会让自己对专业的发展方向和相关行业有更深入的了解，再结合自己个人的实际情况进行权衡和考虑，对未来的发展方向会慢慢清晰起来。"

来访者："那大一需要到企业实习吗？还有一些学科竞赛，比如数学建模、创业大赛等，是否有参加的必要呢？"

咨询师："这个要结合个人的实际情况来考虑。在学有余力的情况下，可以利用寒暑假的时间，结合自己身边的资源，适当参与一些实习实践活动，让自己了解职场环境和企业的经营运作情况，对专业课程学习是一个有益的补充。具体参加什么比赛也因人而异，可以根据自己的技能特长，有针对性地选择参赛项目。当然，在参与比赛过程中，还可以提升自己的团队协作能力。一些专业性较强的比赛，大一的同学参加还是有较大难度的，可以自己评估一下。"

来访者："寒假我准备找一个短期实习。我该如何合理安排参加各种比赛的时间呢？"

咨询师："可以整理一下往年各类比赛的举办时间和参赛要求，做成一张表格，结合自己目前的实际情况和时间安排，合理安排参加哪些比赛，做到心中有数。"

来访者："好的，老师。我感觉身边的同学都很有目标感，我希望像他们那样。"

咨询师："每个人的情况都不一样，有的同学可能入校就确定了出国留学的目标，所以会把外语学习等安排得很有计划性；有的同学入校后积极参加学生活动，提高自己的人际沟通能力，生活会非常充实；有的同学会积极参加各类行业探索活动，努力提升自己对行业的认知；也有的同学会加入一些研究团队，开始自己的科研探索之路。不同的人，呈现出的大学生涯形态是不一样的。"

来访者："那我如何确定自己的方向呢？"

咨询师："如果现在方向还不清晰，也不要紧，可以结合自己的实际情况，先进行思考和尝试。比如出国留学，是否有足够的家庭支持？比如在学生团队中，是否全身心地投入，收获又如何？比如在参加行业探索活动时，是否对相关行业有新的认识和看法？比如在参与一些科研活动竞赛时，自己哪些方面能力得到了提升？对学术是否感兴趣？"

来访者："这些方面，我需要认真想一想。"

咨询师："不急，大学的成长没有捷径，只有通过多次的行动、尝试，目标才会渐渐清晰。关键还是要迈出第一步，敢于尝试、总结和反思。别人做什么不重要，适合你的，才是最好的。"

来访者："好的老师。"

咨询结束。

三、咨询反思与总结

对于大一新生，迷茫和没有目标方向是较为普遍的现象。作为咨询师，可以帮助来询者拓宽视野，寻找一些大学成长的备选方案，鼓励来询者勇敢迈出第一步，去尝试、体验、试错，在实践中，慢慢加深对自己和外界的认识，渐渐清晰自己的职业生涯发展方向和目标，走出迷茫，提高职业生涯成熟度和行动力。

有时，来访者在咨询之初提出的困难并不是真正的问题。当新生进入到全新的校园环境时，情绪问题、学习问题的根本实际上往往是职业生涯不确定的问题。咨询师需要努力觉察来访者的真实问题，发掘他们身上的力量，引导来访者探索自我、明确目标，并激发其行动，不断推动来访者向着更加积极的方向前行。

案例2　情绪背后隐藏的职业生涯问题

咨询师：王芳

一、案例背景

　　来访者，女，独生子女，复读后考上本校，现为 E 专业大二学生。咨询共进行了两次。咨询问题是如何应对情绪起伏大、感觉自己游荡在生活和学习之外的困境。

二、咨询过程

　　首先咨询师需要界定来访者需要职业生涯咨询还是心理咨询，排除须转介心理咨询的情况。本案例中咨询师判断来访属于职业生涯咨询后，决定使用焦点解决技术，通过了解其现状与主要困惑，澄清咨询目标，并重新建构来访者认知达到咨询目标。

（一）第一次咨询

1. 了解现状

对话节选：

咨询师：这种情绪起伏大、游荡在生活和学习之外的状态有多长时间了呢，可以具体谈谈吗？

来访者：从开学到现在，2个多月吧。

咨询师：能具体谈谈情绪起伏大的表现吗？

来访者：嗯，我平时比较喜欢关注社会新闻，尤其是其中的负面新闻。最近看到××市的新闻，一个女生被陌生人打了，我害怕得都哭了。

咨询师：你当时看到这个新闻有什么想法呢？

来访者：我感到很害怕，感觉周围有很多不安全的因素。

咨询师：你觉得在学校安全吗？

来访者：安全的。

咨询师：校外呢？

来访者：一般我晚上天黑以后不出去。

咨询师：嗯，感觉你的警惕性还是比较强的。你跟其他人说过你的担心吗？

来访者：我给妈妈打电话，有她安抚我的情绪，感觉会好些。

咨询师：那你说的"游荡在学习和生活之外"主要表现是什么呢？

来访者：我对传媒比较感兴趣，但是父母希望我学习技术性强的专业。我对于现在专业课的学习没啥兴趣，总感觉心里空空的，像"老鼠打洞，让自己的根基动摇了"。

咨询师：嗯，"空空的"是指？

来访者：我很羡慕那些很积极的同学。但是我不知道自己能干什么，可以干什么。

咨询师：你说的"积极"是指？

来访者：就是认真对待每一件事情，我太任性了，没有认真对待每一门课。

咨询师：现在的状态不太好，你感到困扰。

来访者：是的，老师。

咨询中反映出的来访者的"空心感"与她的自我认知以及她所感受到的未来发展的不确定性有很大的关联，根据她的困惑和需求，咨询师与她确认了咨询目标：①加深对自己的了解；②找到努力的动力。来访者希望本次咨询围绕认识自我进行。

2. 具体过程

咨询师与来访者一起探讨了她的 MBTI 测试结果，来访者的代码是 INFJ，来访者比较认同自己是一个懂得关心他人，有自己的想法和独特的见解，不容易被他人改变的人。她谈到，她明白任何学习对未来都会有帮助，但可能由于对专业不太感兴趣，所以在学习上有逃避的情况。咨询师能感觉到她有学习的渴望以及对自己有一定的要求。对于未来，来访者说希望自己有能力赡养父母，可见她有较强的家庭责任感。

在讨论怎么做好自己时，来访者认为自己一方面要对专业更加包容，尝试学习专业课，打开经济学视角，丰富自己的思想；另一方面不能轻易地否定自己，并正确地看待别人的反馈。

3. 咨询小结

通过咨询，来访者的焦虑情绪得到舒缓，对自己有了更深的认识，找到了困扰她的问题根源所在，并提出了可行的建议。咨询师请她回顾了从小到大让自己有成就感的事件，并确定了下次咨询的时间。

（二）第二次咨询

来访者自述本周情绪较之前稳定一些。周一有点不想学习，周二下午开完小组会后心情稍微转好，晚上还与同学一起讨论了未来的规划。

咨询师以周二心情转好为切入点，询问来访者是什么导致其心情发生了变化。来访者发现当自己把精力投入到感兴趣的事情，不和别人比较时，就会变得积极。通过分析成就事件，帮她进一步明确她具有的资源和能力：来访者学习能力较强，有较好的写作能力，担任学生干部，具备良好的沟通组织与协调能力，还有一些好朋友能提供社会支持。对于将来的打算，来访者谈到她喜欢有一定压力和挑战的工作，觉得出国是一个比较好的选择。对于如何行动，她认为目前最重要的是要学好英语和专业课，积累专业知识，提高学分绩点。

经过两次咨询，来访者更能接纳自己，并发现了自己焦虑的背后其实是对未来的不确定；对于出国的想法更加清晰，通过讨论，初步制订了学习计划。

三、咨询反思与总结

大学与高中的差异，导致大学低年级学生容易产生焦虑情绪以及自我否定。来访者的情况较为典型，表现出情绪问题和学习问题，但这实际上是职业生涯规划不清晰所引发的问题。经过自我探索，对未来的目标更加明确后，来访者的情绪问题自然得到了缓解，并找到了前进的动力。

本案例所带来的启发是，咨询师要始终保持中立的态度，倾听来访者的心声，避免将自己原有的价值观带入，努力觉察来访者的问题根源以及他们身上的力量，给来访者赋能，缓解来访者的焦虑，引导来访者进一步明确目标，讨论出切实可行的计划，激发其行动，促使来访者向正面、积极的方向转变。

"考研还是就业"是很多同学进入大学就开始思考的问题。想要明确"向左走"还是"向右走"需要经历自我探索、专业探索和外部职业世界探索等一系列"探索之旅"。咨询师在引导来访者探索的过程中，需要为来访者明确一些重要的观念，比如"我们都是一样的，都会在选择时都会充满对未知的恐惧"，再比如"请勇敢起来，因为每一种选择都会有风险"。

案例3　明确选择，摆脱迷茫

咨询师：王芳

一、案例背景

　　来访者，女，大二，X专业，由于对编剧感兴趣，在大一的暑假自学了编剧课，但同时也怀疑自己是因为想要逃避数学才去学习编剧。这学期来访者报了本专业相关证书的培训班，后来发现培训时间与编剧学习的小班上课时间冲突了，开始质疑自己是否是为了逃避专业学习而去考证。来访者感觉迷茫，于是预约了本次咨询。

二、咨询过程

　　来访者自述数学能力不够，成绩平平，觉得自己的思维体系可能不适合学习X专业，也怀疑自己的学习方法、学习能力是否有问题。她希望自己的绩点更高一点，最好能达到3.5。进入大二以来，她感觉自己有很多想做的事情，但是精力不够，不知道如何选择。她希望通过咨询，能进一步明确自己的方向。

（一）**了解学习动力**

通过咨询，咨询师了解到来访者对本专业的态度是"既不喜欢，也不讨厌"。数学是她的弱项，但是她并没有放弃，还是希望自己的学业成绩能提高一些。

对话节选：

咨询师：你选择这个专业的原因是什么？

来访者：有冒险的成分，我不知道什么适合自己，因此选了一个听起来还不错的专业。

咨询师：已经学习两年了，你感觉对自己的专业兴趣度如何？

来访者：我觉得一般，没有特别高的学习热情，但是也不讨厌。普通的求知过程，没有特别感兴趣的课程。

咨询师：是什么让你在不讨厌也不喜欢的情况下，还能继续学习这个专业，并且认真地学习呢？

来访者：我不可以退学，为了学位我也要坚持学。

（二）了解今后的打算

通过对话，咨询师发现来访者对于今后的选择的主要思路是本专业考研、跨专业考研、工作三个方向。但是思路过于宽泛，且对于这三个选择可能面临的困难和问题缺乏具体的了解，仅仅停留在自己的想象当中。

对话节选：

咨询师：那你对自己毕业后的选择有什么想法呢？

来访者：有很多想法，考研深造，或者工作并考取相关证书，或者找到自己喜欢的专业后跨校跨专业考研。

咨询师：那你都做了什么准备呢？

来访者：这几种都想选，但是我感觉什么都做会很累，所以我在想要不要放弃一些选择。

咨询师：你特别想明确自己想要做什么，同时又担心自己的选择对不对。其实我们很难预知自己的选择是否正确，但是我们可以确定我们的选择是不是我们想要做，或者擅长做的事情。

来访者：我觉得限于年龄和现实，梦要做，但饭还是要吃的。

咨询师： 那你觉得上面提到的选择，哪个是比较现实的考虑？

来访者： 可能是本校考研。

咨询师： 现在考研比较内卷。

来访者： 对，如果考研我要付出很大的努力。目前我还在考虑阶段，希望这学期可以做出决定。

咨询师： 那我们现在行动背后的期待是什么呢？

来访者： 今年全国考研成绩出来以后，我陷入了焦虑，觉得自己要有核心竞争力，因此冲动地报名去考证培训班。编剧课程的学习是机缘，70 个小时的课程，我坚持自学完了。但现在因为考证的学习和编剧小班课的学习时间冲突了，我又很后悔自己一时冲动报名考证培训班。

（三）具体化选择与开展行动

大二是我们职业生涯规划的探索和准备阶段，来访者处于学业和职业生涯规划发展方向不明的双重压力之下，虽然有几个选项，但是都不够明确。在这一阶段，任何选择都是有风险的，但是当我们通过探索，更加明确自己的选择时，就能摆脱纠结与焦虑。来访者并不明确自己的选择是什么，因此，在咨询师的引导下，来访者与咨询师一起讨论了现阶段可以做的事情。

对话节选：

来访者： 感觉只有这个暑假有我实习的时间，因为后面可能要准备复习考研。

咨询师： 后面的时间要准备复习考研吗？对于考研，你又有什么想法呢？比如考什么专业？

来访者： 考研的话，如果是跨专业考研我考虑的是心理学、语言学和哲学。我对心理学和哲学只是有一定兴趣，但是感觉难度很大。编剧专业的话我有学习过，更有兴趣一点。

咨询师： 考研对我们来讲都不容易，你觉得如果考本专业研究生最困难的是什么呢？

来访者：数学。

咨询师：跨专业呢？

来访者：还需要提前考察来确定考什么专业。

咨询师：那我们差不多要什么时候就要确定专业呢？

来访者：8 月吧。

咨询师：现在是 4 月，还有 4 个月的时间，如果我们没有确定专业的话，我们还需要做些什么呢？

来访者：可能是上网查询吧，我觉得可以去百度一下开设这些专业的学校、课程的修读计划、课程的接受度、考研所对应的专业课等。

咨询师：嗯，这些工作什么时候可以做呢？

来访者：就现在，今天回去。

咨询师：所以，如果我们做了这些，我们的选择可以更加明确吗？

来访者：是的。

咨询师：这是一个缩小选项的过程，我们的目标可以从考某专业变成考某学校的某专业。

来访者：是的。我还有很多信息需要了解和准备。

三、总结与反思

随着就业压力的增大，不少本科生把考研作为第一选择，而把毕业求职作为备选的"安全岛"。案例中的来访者对考研的想法比较明确，但是对专业缺乏探索，并不清楚具体的专业选择。同时，来访者认为毕业求职可以作为自己的备选保障，于是盲目选择考证，当发现自己精力有限，"现实"和"理想"发生冲突时，对自己的选择产生了怀疑从而陷入了焦虑，这种情况在学生中有一定的普遍性。通过咨询，来访者对自己有了更清楚的认识，同时对于选择的风险有了一定的认知，逐渐清晰了自己下一步怎样做可以降低选择的风险。

高考对绝大多数学生而言都是一场具有决定性意义的考试，录取结果对于学生的影响可能会持续很久。对于高考失利的同学，"如何在大学阶段重新开始"会影响他们之后的诸多决策。当观察到来访者在试图用大学的选择"填补"高考失利的"坑"并"挽回尊严"时，咨询师最需要做的是积极为来访者赋能，引导他跳出"弥补遗憾"的陷阱，重新观察周围环境，做出理性的选择。

案例 4　跨越过去的挫折

咨询师：吴怡然

一、案例背景

　　来访者，男，某双学位专业大二学生。来访者自述对目前学习的专业不太满意，找学长学姐询问了一些未来的出路，但认为都不是自己想做的事情，有点想转专业，但又错过了学校转专业的时间，于是前来咨询，希望能了解目前的专业有没有其他发展方向，特别是转向金融方向就业的机会。

二、咨询过程

　　从来访者预约时的自述来看，他想咨询的问题似乎比较明确，根据我过去咨询的经验和这位来访者的自述，我认为他可能是遇到了"学科价值与个人价值之间无法联结"的问题，或者是对专业的未来发展了解得还不够深入（因为来访者才大二，真正接触专业学习的时间较短）。但他寻求咨询的时间点让我有些好奇——大二下学期，已经错过了转专业最好的时间，而若是考虑未来职业的发展方向，又不免有些

"为时过早"的感觉。因此，我从"时间"这点入手，和来访者进行了交谈。

咨询师：我看到预约时你的留言，你似乎对你现在的专业不太满意，所以今天你来这里咨询，是希望了解一下其他的发展方向吗？

来访者：是的，老师。

咨询师：那我有点好奇，可以问问你为什么选择现在来咨询吗？

来访者：现在有什么问题吗？咨询难道要特定的时间段才能做？

咨询师：这倒是没有，你现在是大二下学期对吧？

来访者：是的。

咨询师：学校规定的转专业时间，是大一结束之后，如果这个时候没有转专业，之后原则上就不再允许转专业了，就像你自己说的一样，"错过了时间"。但是你所说的"金融方向的就业机会"，即使是指实习，一般来说我遇到的同学也会在大三的时候才开始考虑相关的问题。而你现在来的这个时间点，和我平时遇到的情况稍微有点不一样，所以才会觉得好奇，你是不是遇到了什么事情所以才来咨询的？

来访者：我之前询问了学长学姐关于我们专业的出路，得到的回复都是就业很难，要么转专业要么考研，本专业的本科生出来基本没有办法就业。所以我就想，如果要通过考研换成金融专业，或者选择出国留学，一般来说都是越早开始准备越好吧，所以就来问问看，时间长才准备充分嘛。

咨询师：原来是这样。不过我刚才听你说，学长学姐告诉你的是"要么转专业要么考研"，你在预约的时候提到的是希望"了解目前的专业有没有其他的发展方向，特别是转向金融方向就业的机会"，而刚才你的意思，似乎想要考研或者出国留学？所以你自己对这件事现在是怎么想的呢？

来访者：我其实就是想学金融专业，走金融方向的职业道路。本来肯定是转专业比较好，但错过了，所以只能考虑金融方向的就业或者考研和出国嘛。就业的话我和学长学姐打听过，就金融大厂而言我们学校竞争力不是很强，所以现在我倾向于考研，但国内又太卷了，所以目前考虑还是出国，申请英国的 G5 大学之一转金融方向。

咨询师：听起来你已经很清楚自己要做什么了，那还有什么问题吗？

来访者：怎么说呢，虽然我知道要做什么，但我的家人们反对我转金融方向，他们觉得我都不了解金融到底是什么，所以让我找人咨询一下金融到底会做些什么，适不适合我，再做决定。

咨询师：家人们认为你不了解金融是什么，那你自己觉得呢？你了解金融是什么吗？

来访者：说实话，我也不是很清楚。

咨询师：那为什么说你想学金融？

来访者：其实是因为我对现在的专业没有任何兴趣，而且也学不好。其实我大一的时候没有转专业，不完全是因为错过了时间，还因为我的绩点没有达到转金融专业的要求，所以没能转过去的。所以我就觉得，现在这个专业，可能是真的不合适我，还是要换成金融相关的专业才行。

咨询师：我明白了，因为你不喜欢也学不好现在的专业，所以想换一个专业。不过如果只是这样的话，可以换的专业有很多吧？我想问的是，你想要换的对象，为什么是金融？

来访者：（沉默）因为我本来应该学的就是金融专业！而不是现在这个专业！（突然很大声）

咨询师：为什么这么说呢？

来访者：老师你不知道，我高考的时候，本来报的是金融专业的，就差 2 分就该被录取，但是就因为差了这么一点，被调剂到现在这个专业来了。我当初报志愿的时候家里找人问过往年的录取分数情况，本来应该是很稳的分数，但我那年不知道为什么突然录取线就变高，本来不应该这么高的……（表现出焦虑不安的情绪）

咨询师：原来是这样啊。

来访者：是的，我之前成绩一直都很好的，但是录取的结果让我也有点无奈。不过这也是没办法的事情，已经是过去的事了，我也改变不了什么，所以现在才想着向前看，重新出发。

咨询师：所以现在你认为自己是要向前进，然后重新出发？

来访者：对啊，高考都过了那么久了，肯定没办法再改变什么了，我觉得人都应该向前看。

咨询师：但你刚刚说的，你是因为"本来应该学金融"，所以才想换这个专业，这是你理解的"向前看"吗？

来访者：当然，我的初心就是金融，之前高考没能达成，现在向前看肯定就是要想办法实现它啊。

咨询师：哪怕你之前说，你不是很清楚金融到底是做什么的也要换？

来访者：这个……

咨询师：你之前有尝试去了解金融到底是做什么的吗？

来访者：有过一点了解。我在高考报志愿之前看过一个专业的介绍，说学金融的都是最优秀的，最有能力的人，而且相关工作收入也高。看过之后觉得金融算是我最中意的专业了，如果通过学习金融能进入投行工作，收入也会比较高。

咨询师：还有吗？

来访者：我还看过一点金融类的书籍，比如"资本论""牛奶可乐经济学"等，感觉很有趣。作者能通过思考把生活中的问题总结成规律，确实很厉害。我觉得我也很擅长思考，我觉得这些才是金融的核心魅力所在。

咨询师：那你所理解的金融是怎样的一个专业？会做些什么？

来访者：我没有什么具体的理解，但我认为金融专业应该是优秀的人才能学会的，才会去做的。感觉金融专业应该是高大上、光鲜亮丽、收入丰厚的行业。不行，这个真的不太好（笑），说得好像我很拜金一样，不好。

咨询师： 倒也没有好或者不好，不过问题的关键还是在你去尝试了解的这些东西，对你理解金融是怎样的专业，金融专业会做些什么，你认为有什么帮助吗？

来访者： （沉默）好像……没有太多（帮助）吧。

咨询师： 那么，你依然希望把金融专业称为你的"初心"吗？"心"在哪里？

之后这位来访者依然坚持认为金融专业确实是自己的"初心"，多次和我强调他是"真的""非常想要"去学这个专业，还提到他认为当初高考的时候要是再高两分就好了，这样早就夙愿得偿，也不至于现在这么麻烦，并且告诉我他高中的时候不擅长数理化才导致分数不理想。后来他和我谈了很多关于高中时期的状态与高考后的选择的问题，但涉及"为什么现在想要转向金融专业"的相关话题，他总是采取非常回避的态度。最后因为时间关系，他询问了我金融学院老师的联系方式之后，我们就结束了这次咨询。

三、反思与总结

这次咨询遇到的来访者遇到的问题具有典型性。高考对绝大多数国内学生而言，是"一场定胜负"的选拔性考试，对于正在成长中的孩子们来说有着极大的影响，并且它的余波能持续很长时间。案例中的来访者在咨询过程中情绪反应比较激烈。他在描述自己现在的选择时，坚信自己已经"重新出发"和"向前看"，但在和我对话时有三分之二的内容都在讲高中时成绩不理想的苦闷，无法"学好"的理科学科，高考时的失利，以及志愿落空专业被调剂带来的痛苦。这些纠缠的情绪甚至一度让我感觉他处于一种"咬牙切齿"的状态，怎么看也不像是已经"向前看"了。整个咨询过程我感受到来访者依然被困在高中时期，没能真正向前。因此，帮助来访者认识到目前的情绪困境，是本次我进行咨询的重点。

"周围的同学们都在努力，而我感觉自己没有目标，无所事事"是咨询中比较典型的同辈压力困扰。进入大学后，由于职业生涯规划不清晰，对比周围目标明确的同学，学生很容易产生迷茫、焦虑的情绪。咨询师可以通过具体事件分析引发来访者对"自我"的思考，澄清个体目标，帮助其逐步找到未来的发展方向和实现路径。

案例 5　考研还是就业？

咨询师：孟伟伟

一、案例背景

来访者为 X 专业大二学生，对考研与就业的选择问题比较困惑。他不想考研，但家人、朋友认为他应该考研，因此他希望通过咨询获得帮助。

二、咨询过程

咨询师：你是因为什么原因来做这次咨询呢？

来访者：我不知道要不要考研。一方面，父母认为考研后就业前景会更好，应该考研；另一方面，我身边的同学也都在为读研积极准备。我其中的一个室友成绩比较好，很可能获得保研机会，另一个室友则明确表示要考研，而且现在已经开始准备了，班里其他很多同学也有考研的打算。看到周围的同学都很积极上进，我的压力很大，感觉自己很落后。

咨询师：那你的困惑是什么呢？

来访者：其实我也知道考研会对今后找工作有帮助。只是现在我所学的专业需要在实践中积累经验，而且我对写论文、做研究兴趣并不大。虽然我对科研也谈不上厌烦，但有些担心写不好论文，也担心自己落后于别人，害怕失败。我的情绪很容易受到他人的影响，我会因为一些小事控制不住自己的情绪，会发脾气，会大哭，并经常怀疑自己。此外，我感觉考研过程中的精神压力可能会比较大。我曾经复读过一年，原因是高三时与同学相处不好，导致自己心态不好，结果影响了学习。我觉得现在的情况与高三的情形很相似，因此心里很担心考研也会失利。

听了来访者的介绍后，咨询师感觉到来访者有一种潜意识，即考研才是上进，便在此基础上进一步了解来访者的想法。

来访者：考研可以提高学历，将来工作中晋升的机会比较大。但是，我将来并不想当领导，只是想找到适合自己的工作。现在本科毕业后就业压力大，部分工作岗位受人工智能发展的影响，有可能会被取代。从这一点来说，我感觉不考研的话就完全没有出路。其实，说不想考研是假的，但是我了解到我们学校毕业生的考研成功率并不高。所以，我对考研缺乏信心，感觉精神压力很大。有时我会感觉很厌烦，对学习没有信心，甚至想退学。目前我内心很纠结：虽然感觉目标可以达到，但不知为什么又好像怎么做都达不到。

咨询师进一步了解来访者担心的具体问题。

咨询师：那么你具体担心的是什么问题呢？

来访者：别人都很努力，而自己没有那么努力。

咨询师：其他同学是怎样"努力"的呢？

来访者：室友早出晚归，每天学到一点多才回来，学习抓得很紧。我感觉学起来很吃力，而室友学习效率比我要高很多。我每天也上课、做作业，做了自己认为应该做的事情。而室友则感觉有无穷无尽的事情可以做，准备考证、周末上课、参加竞赛、参加大学生创新训练项目、参加团学工作等。相比之下，我感觉自己是寝室最懒的人。

咨询师：那你感觉自己和室友在学习和生活上有什么不同呢？

来访者：第一，室友善于与人打交道，性格开朗，而我比较宅，很少参加活动。第二，室友有明确的目标，能有计划地学习，而我只学习了专业课程，没有明确的目标和规划。

了解了这些之后，咨询师发现来访者的焦虑情绪背后隐藏着对自身定位和发展目标不清晰这个根本问题。于是，咨询师推动咨询重新回到来访者起始谈到的话题，聚焦到考研与就业的选择以及如何准备这两个问题上，探索来访者对考研和就业的偏好倾向性。

来访者：父母主张我考公务员，但是我自己对究竟是去事务所还是去考公务员还有疑虑。我想过读博士、当老师，也曾想过到事务所或者公司锻炼一下，进一步学习专业的实务操作。同时，我也想过考公务员，但担心考公务员也有压力。因此，如果就业的话，我更想去公司、事务所，但是我对招聘、面试、笔试完全不了解，对就业方向也不清楚。

咨询师介绍了公务员的招录和工作情况。公务员报考竞争很激烈，需要提前准备，多做题，公务员工作也有压力，也不是很轻松。公务员工作不是"铁饭碗"，公务员也需要紧跟时代的发展变化，关注前沿发展趋势，才不会被时代淘汰。事务所和公司的工作对专业水平有一定的要求，还要面临激烈的外部竞争，有被淘汰的风险，但是这些也是激励因素，也会成为推动个人努力进步的动力。咨询师建议该同学应多关注自己需要具备哪些能力才能适应社会发展和变化。如果对这些选择进行比较的话，则主要是看哪个更适合自己，以及之后自己想要如何发展。

了解到这些之后，来访者表示豁然开朗，感觉自己对未来的情况有了一些了解了，也意识到了无论哪一种选择都需要不断学习、努力。他表示自己应该多了解职场信息，积极准备，并增强职业发展意识，积极适应社会的发展和变化。

三、咨询反思与总结

本案例是大学生中比较常见的关于未来发展困惑的问题。一些同学由于缺乏职业规划，自我定位不明确、未来规划方向不清晰，看到周围同学都在努力，而自己无所事事，再联想到之前的挫折事件，便产生了迷茫、焦虑情绪。大学里理论性学习多，实践性学习少，学生对所学知识的应用缺乏现实体验，对职业选择的多样性了解不够，如何应对未来的激烈竞争就成了困惑的主要问题。虽然这是比较普遍的现象，但每个来访者的经历不同、选择倾向不同、家人等外部支持条件不同，问题表现也就不尽相同。咨询师应当结合来访者的具体情况进行剖析引导，才能帮助来访者消除困惑，寻找到适合自己的目标定位和发展道路。

通过咨询，来访者对未来的方向逐渐清晰，做选择的底气变得更足，当前学习的焦虑情绪也有所缓解，意识到当前做好理论知识学习、打好专业基础的重要性，强化了主动关注职场信息的意识，增强了提前积极准备的动力，也进一步明确了职场能力提升和主动适应社会的重要性。

对于未来职业选择焦虑这类问题，咨询师要充分理解来访者对职场挑战的担心，也要理解来访者需要应对大学自主性学习所带来的挑战。同时，也要注意不同个体的具体情况和困惑问题，在此基础上从职场情况和社会适应角度着手进行职业规划引导，培养大学生主动思考的意识，帮助其逐步找到未来的发展方向和实现路径。

大学阶段，同学们开始有了更深层次的自我探索需求，包括对于"意义感"和"价值感"等问题的思考，这些思考往往会被"考研还是直接就业"等现实选择问题包裹起来。因此，咨询师需要依靠共情能力去感知来访者的情绪、认知、观念和潜意识，和来访者一起去澄清当下的情绪，并引导来访者"看到"情绪背后的"真相"。

案例6　我希望人生很有效率

咨询师：邹涛

一、案例背景

来访者为 B 专业大二男生。他大一就读 A 专业，通过转专业考试转入 B 专业。该同学的父母是公务员，希望他毕业后考研，将来从事公务员工作。来访者开始咨询的问题是希望了解考研和就业哪个对自己更有意义，后面咨询的问题则集中在转专业后学业压力的应对方面。

二、咨询过程

来访者：我想了解读研究生和就业两个方面对我的意义。

咨询师：刚才你提到，父母希望你考研，但你现在有点犹豫，你想了解考研和工作哪个更适合你，是这个意思吗？

来访者：是的，我想了解这两个选择对我有什么好处？

咨询师："好处"这个词好像更具体了。那你能谈谈你对这两者好处的理解吗？比如你父母希望你考研，他们认为考研的好处是什么？

来访者：他们觉得现在就业压力很大，而且他们都是公务员，现在公务员招录多数都要研究生，他们觉得读研之后考公务员挺好的。

咨询师：哦，那你怎么看待考研这件事呢？

来访者：我觉得考研我可以接受，但现在专业课的这种学习状态，让我很怀疑考研这件事值不值得。

咨询师：听起来，好像现在的学习状态不是让你很满意，能具体谈谈吗？

来访者：现在课程考核有很多小组展示，而且科目也很多，大家做小组展示时也特别急功近利，在网上查点资料就糊弄过去，我觉得这样的学习没有什么意义。如果研究生也是这样的学习方式，我就觉得读研没什么意义。

咨询师：如果研究生的学习方式不是这样，你愿意考研吗？

来访者：愿意啊，而且我对考公务员这件事也不排斥，我对公务员的工作状态也比较熟悉，知道公务员会给我带来很多好处。

咨询师：听起来，困扰你的问题好像更像是现阶段的这种学习和考试方式让你产生了一些疑虑，让你担心研究生学习也会这样。

来访者：是的。

咨询师：刚才你进来的时候我感觉你比较焦虑，这种焦虑跟现在遇到的这个学习方式的困扰有关吗？

来访者：现在刚过中期各种密集的课程展示，真是让我有点喘不过气来。

咨询师：听起来，中期是一个比较特殊的学习节点。其他时间也会这样吗？比如大一的中期，你是怎么应对的呢？

来访者：大一的时候还好，大一的时候我是读的 A 专业，大二的时候我转到了 B 专业。转过来之后补课很多，课程展示也就更多了。

咨询师：看来转专业给你带来的额外课业压力挺重的。

来访者：是的，而且跟其他那些本身就是 B 专业的同学相比，他们已经可以准备其他证书的考试了，而我现在还只能补修课程。

咨询师：嗯，听起来你现在遇到了转专业的同学都会面临的一些问题，一是要面临补课的压力，二是学习基础比其他同学差，毕竟别人比你多学了一年，再加上还要去做这些课程展示，所以你会感觉有点着急，觉得要努力追赶，而且希望能尽快追赶上。

来访者：是的，有一点。

咨询师：你现在的感受可能是转专业的同学都会面临的一个感受，你现在处于一个适应调整的阶段。那你觉得需要多长时间，你能把这个阶段适应过去？

来访者：这学期肯定就可以。因为其他转专业的同学会选择在大三之前把所有缺的课补完，但我是决定在大二这一年就把所有的课补完，所以这学期结束，我就可以跟其他同学的学习进度差不多了。

咨询师：听起来，你好像给了自己一个很大的挑战，给自己定了一个很高的目标。

来访者：嗯，我一般都会这样。我做事一般都会先苦后甜，前期让自己苦一点，后期就会稍微轻松一点。

咨询师：一般这样做事的人，好像会偏向于把一切事情考虑得周全一点，把准备工作做到前面，以确保有个好的结果。

来访者：好像是的。

咨询师：这个结果通常跟你内在给自己设定的一个目标或者期待有关，你能具体谈谈内在的那个期待是什么吗？

来访者：哦，这个我好像确实还没想过？

咨询师：给你几分钟，你能试着想一下吗？

（沉默几分钟）

来访者：我暂时还想不出来。但我有一次确实经历了一件让我很后怕的事情。有一次，我为了准备一个竞赛，那段时间过得特别充实，学习效率也很高，最后竞赛也获得了一个很好的成绩。但成绩公布之后，我好像并没有那么高兴，而是默默地走出来坐到台阶上，整个人都瘫软了，也不知道该干什么，一下觉得自己特别迷茫，好像虚脱了一样。

咨询师：嗯，好像一直忙起来的时候还挺充实的，但这件事结束之后，心里反而觉得很空，好像失去了目标和方向，不知道自己该往哪里去了。

来访者：好像是的。这种感觉让我很害怕，也说不清是什么原因。

咨询师：先前你讲到的不喜欢的课程展示方式时，让你感到不舒服的原因好像是这种方式跟你的既定目标之间是有偏差的。你所说的"没有意义"，好像是因为这样的方式有一种"低效"的感觉，让你感到不舒服。

来访者：好像是这样。

咨询师：也许，你内在对自己设定有一个目标，这个目标是你一直在追求的，但这个目标到底是什么还不那么清晰。这个目标会让你想要更高效一些，因此这种低效的事情，会让你觉得特别没有意义。

来访者：好像是的。

三、反思和总结

在咨询过程中，咨询师的共情能力是首要的。共情工作的层次包括来访者情绪、认知、观念、潜意识等不同层面。在本次咨询中，来访者对多课程展示学习方式比较抗拒，表现出烦躁、失望、抗拒的情绪，在来访者的认知层面上觉得这种方式比较"低效"，这种"低效"影响了他达成某种目标，而这个"目标"背后可能是来访者更深的意识层面或者潜意识层面的东西，需要多次咨询来澄清。但在谈到"内在的那个期待的目标"时，咨询进度稍快了一点，否则可以通过更多共情来更贴近来访的感受。

职业生涯咨询有时需要咨询师给予来访者足够的耐心，才有可能陪伴来访者一起"打开局面"，找到问题所在。当来访者在咨询过程中无法提供"有价值"的咨询素材时，可能是来访者在当下"无法表达"，而不是"不想表达"。

　　有时候咨询的功效不一定发生在当下，如果能够在咨询中用关注、耐心和陪伴与来访者相处，也许就会唤起来访者对未来的希望，勇敢实现自己、成就自己。这份对生命的信心才是职业生涯咨询最大的意义。

案例7　想"躺平"的大二男生

咨询师：吴龙霞

一、案例背景

某管理学院 A 专业大二男生，目前学习成绩不是很好，但没有挂科，不知道以后的出路是什么，想看看自己以后适合什么方向，现在该做些什么。

二、咨询过程

（一）第一次线上咨询

来访者说话有气无力，语速很慢，而且讲话很吃力。

咨询师：为什么现在想起来咨询这些问题？

来访者：马上就要大三了，再不问就晚了。

咨询师：对于考研和找工作，你自己有什么看法？

来访者：我家在上海，曾经幻想过通过考研回去，但是这不现实，和同学相比自己在学习方面的能力太弱了，考上研究生的可能性微乎其微。

咨询师：那回去找工作呢？以我们学校的本科学历在上海能找到一份相对体面的工作吗？

来访者：有点悬，感觉自己实践经历太少。

咨询师：有想过考公务员吗？

来访者：我记忆力不好，语言能力也比较差。

咨询师：那你觉得自己哪些方面比较擅长，能做些什么？

来访者：一直觉得自己没有用，感觉自己什么都不会，什么都赶不上别人。

咨询师：那你怎么看待自己的性格？平时上课的课程小组作业一般怎么安排？

来访者：我比较内向，在小组作业里希望有一个领导者，自己配合执行就可以了。

咨询师：如果你自己作为小组的领导者会怎样？

来访者：会担心搞砸，对不起同学。

咨询师：为什么会有这种想法？

来访者：高一时，我做过班长，当时没有做好，让同学非常失望。我之所以能够考上大学并且一直还在往前走，就是不想让别人失望，在家里不能让父母失望，在学校小组作业里不能让同学觉得自己在"划水"。

咨询师：那如果放下这些顾虑他人的因素，单从你自己的内心意愿来看，你现在最想做些什么呢？

来访者：不知道，我一直觉得自己并不重要，活着的意义就是觉得不能辜负家人的期待，我需要回报他们。

咨询师：具体是什么事件让你产生这样的想法呢？

来访者：初三时，奶奶生病住院，爸爸一直陪在她身边，那时就觉得子女需要回报父母。

第一次咨询属于线上咨询，没有获取到太多有突破性进展的信息，我建议学生第二次咨询预约线下。

（二）第二次线下咨询

咨询师就上次咨询中关于从奶奶生病住院到去世的整个事件过程，让来访者重新仔细复述了一遍，仍然没有找到对来访者目前状态有重大影响的具体要素。

详细了解来访者的家庭背景和成长经历后，咨询师让来访者用颜色来分别描述一下上大学以前的生活状态和现在的生活状态。

来访者认为以前的生活状态可以用灰色来形容，现在的状态则大概是一种紫黑色，即紫色和黑色的混合。

咨询师：如果说以前的生活状态呈现的是一种灰色的话，那说明你的生活是单调和乏味的，甚至有点了无生趣，感觉你的整个生命力没有释放出来。

现在的紫黑色，似乎有了一点冲击力。紫色已经呈现出了亮度，也许正是因为你现在有了紫色的冲撞，让你才产生黑色般的绝望感。也许是周围同学的优秀刺激到了你，也许是大学阶段性的发展任务逼迫到了你，至少现在已经把你逼进了一条不得不面对和思索的通道。

前两次的咨询对于来访者的现实问题没有取得实质性的突破，咨询师如实地给予来访者反馈，让他自己决定还需不需要再做咨询。

第三周来访者仍然预约了线下咨询。

（三）第三次线下咨询

与前两次相比，这次来访者看起来开朗了一些，面容也更亮堂一些了，说话也相对更清晰和有力一些，并能够给出一些有效信息，感觉他身上终于有了一丝活力。

咨询师：做了两次咨询了，与之前相比，你自己觉得有什么变化？为什么还是选择了来做咨询？

来访者：感觉心里被打开了一些，不那么憋闷了。

咨询师：如果不考虑其他外在因素，你就选择躺平会如何？反正现在大家不是都在这样喊着吗。

来访者：如果躺平，会担心父母会和自己断绝关系，自己也觉得不能"啃老"。

咨询师：好吧，那我们就说说不躺平的事。你平时上的课程中自己比较喜欢哪一类课程。

来访者：管理学、项目管理、运作管理之类的课程。

咨询师：看来你对自己的专业并不排斥。那么对于未来的工作你觉得什么最重要？

来访者：工作当然要多赚钱。

咨询师：为了能找到一份多赚钱的工作，你觉得需要哪些方面的努力？

来访者：大的财富需要靠运气，小的财富还是需要靠能力。

咨询师：那我们就先来谈谈靠能力获取的小财富这件事。你觉得如果想要提升工作的能力，现在在学校期间自己可以从哪些方面做准备？

来访者（想了一会儿）：现在需要多进行一些实习来增加社会阅历，通过考证来提升工作技能。

咨询师（笑了）：现在你知道自己该做什么了吧。

在接下来的咨询中，咨询师为来访者提供了一些辅助他投入学习的小方法和小技能。在谈话过程中，咨询师了解到他有一个女朋友，是他的高中同学，于是接下来又从未来家庭规划、人生目标的角度为来访者挖掘出了一些能推动他往前走的力量。

三、思考和总结

这个案例做得比较艰难，或许是没有找到理解他的视角，或许是与他在同一个问题上滞留不前，在前两次的咨询过程中感觉收效甚微，我甚至有了放弃的念头。第三次的咨询，随着他的到来居然打开了局面。我常常在想，很多事情原本可以不用太着急，不用太在意眼前的对错得失，那些看似没有结果的过程，看似无解的难题，原来在谈话过程中已经悄然发生变化，有时候咨询的功效不一定发生在当下。

来访者在咨询中说不出话来，提供不了有效信息时，他不是不想说，而是不能说。关于"躺平"，他的问题浓缩了我们很多学生乃至于社会中某一类人群的状态。他们想跑跑不动，想躺躺不平，驱使他们前进的外在力量一旦用尽后，他们便找不到往前走的内在动力。

对于这个来访者的困境，我只是处理了一些当下现实层面的问题，目前也许仍然没有找到他的内在动力和需要。由于期末考试即将到来，我们暂时终结了咨询，但也许未来他会对自己的内在真实需要更感兴趣。

与其纠结选项
不如理性地分析

自己的意愿

父母的期待

考研

考公

第二章　选择在即，目标激励行动

本章导读

进入大学高年级，一些同学经过大一、大二的探索，已经确立了较为明确的目标，但是仍有一部分同学由于种种原因，无法明确个人目标，他们的职业生涯问题具有一定共性。

一是焦虑情绪和逃避行为。随着专业课的难度加大，以及考研、毕业论文写作、求职等压力节点临近，如果没有清晰的目标，学生就会陷入焦虑。心理调节能力较差的同学更容易产生自卑、自责的情绪，出现放弃、逃避的行为。案例"坏选择的好动机"描述的正是学生由于高年级学业压力增大，产生逃避行为的情况。案例"坚定选择，远离焦虑"中，学生虽然有较为清晰的目标，但由于对自身认识不足，也会受到环境的影响而陷入无谓的担忧与焦虑之中。

二是职业生涯决策时盲目从众。缺乏目标的"努力"，只会带来焦虑和茫然。面对"考研热""考公热"，有的学生缺乏对自己的兴趣和能力的探索，没有对选项的利弊充分考察就匆忙做出决定。在行动过程中就会由于信心不足而感到焦虑、迷茫，有的甚至可能进一步发展为心理问题。案例"拨云见日找到方向""我该如何面对自己的'过错'？"都涉及来访者因为自我认知缺乏、目标不清，于是盲目从众从而导致职业生涯选择困惑。

三是多种原因导致的决策困难。如案例"专业之外别无选择"中，来访者看似对自己的职业发展有明确的方向，但实际上缺乏尝试的勇气，担心自己做不到，从而陷入选择的困境；案例"困难的第一步"中，来访者由于缺乏科学决策的方法，无法对选项进行理想的分析评估，也就迟迟无法迈出行动的第一步。

四是职业生涯目标及决策的议题往往也涉及重要他人，尤其是父母。案例"我就是不太想让他们满意"中，来访者因为无法达到父母的期待而逃避。对父母的"逆反之心"其实往往是不愿面对自身能力与父母期待的差距，也无法厘清父母期待与个人意愿之间的关系。

其实，无论考研、留学还是就业，都只是我们人生的阶段性目标，是为了更长远的人生目标所服务的。面对选择时，焦虑和纠结的背后一定有我们的某种期待。我们可以尝试跨过选择看目标，坚定信心，综合考虑各方面的因素，做出最适合当下的选择，并在行动中不断验证、明晰自己职业生涯发展的方向。

任何选择的背后都有正向的动机。咨询师不应轻易评价来访者的选择，要以共情与接纳陪伴他一起探索选择背后的动机，就能帮助他对问题进行重塑，挖掘正向资源，从而使其走出恶性循环。

案例1　坏选择的好动机

咨询师：凌小梅

一、案例背景

G 同学，女，Z 专业大三学生。

咨询的问题是她因觉得前途迷茫而感到焦虑。

二、咨询过程

我到了咨询室，G 同学已经在等着了。第一眼见到她，我就感受到一种紧绷和焦虑的情绪。于是我说，我们先休整一下，静一静再开始。

一开始，G 同学讲不出具体的问题，只说自己觉得前途迷茫，害怕找不到工作。我十分好奇她这个感受是怎么产生的，于是进行了询问。同学没有直接回答，说自己也不知道怎么了，最近对自己的负面评价爆棚，几乎没办法正常学习和生活。于是我再次询问道："是什么促使你来做咨询的？"

咨询到这里进入了瓶颈，我反复询问咨询动机，但 G 同学始终表现出抗拒，要么说不知道，要么一直描述对自己的负面评价，甚至提出了自己是不是应该去看心理医生的问题。我告诉她，如果她认为有必要，可以去看看。这时 G 同学却又退缩了："那我应该去哪里看呢？我不知道。"我说："可以考虑 M 医院。"学生继续退缩："可是 M 医院的号很难挂。"我听后有点不淡定了："如果你挂不到号，你打算怎么办？算了吗？"

学生陷入了长时间的沉默。大概五分钟以后，我说："如果你没有要咨询的具体问题，我们不要浪费彼此的时间。"

又是一阵沉默，其间我一直坚定地注视着她，大约 2 分钟后，她终于开口。

原来，临近期末，G 同学觉得自己很可能会挂科，由此衍生出一系列焦虑，感到自己未来无望。

我问她为什么觉得自己会挂科。G 同学说因为自己对当前专业不感兴趣，上课的时候无法集中注意力，学不进去。

"是所有的课程都无法集中注意力吗？还是只有某些课程无法集中？"我顺着她的话追问。

G 回答说："不是的，只有二三门课是这样。"她说了具体课程名字，都是他们这个专业的核心专业课，难度较大，这些课程集中在同一个学期的确会造成一定压力。

她继续说："我一上课就无法集中注意力，是不是心理有问题？"

"是第一次上课就无法集中注意力吗？还是后来出现的？"

"我也不记得了，总之我一上课就想哭。"

"A 课和 B 课也是你们的专业课，这些课程你可以集中注意力吗？"

"好像可以。"

"你刚刚提到的不能集中注意力的课程和这几门课程有什么不同呢？"

"好像是它们要用到数学比较多。我一直就不擅长数学，对数学也不感兴趣。"

"所以这几门课对你来说是挺有挑战性的，哪怕你投入一百分的努力可能也无法取得一个特别满意的分数，是吗？"

我话音刚落，该学生已经泪流满面，并不停责备自己注意力不集中，责备自己不够努力。其实这也是一种逃避。对于 G 同学来说，"不够努力"似乎比"努力了也做不到"更容易接受。

人类的一切行为都有其合理性，哪怕是一些表面上看起来不合理的选择。例如，在上课走神这件事情上，G同学不停责备自己，但还是不能改变自己的行为，那就证明这其中一定有她想要的"好处"。

我问她："假设课堂走神这件事对你是有好处的，那个好处会是什么呢？"

她说："走神了我就可以认为我学不好是因为注意力不集中，而不是我本来就做不到。我们这个专业是学院的王牌专业，大家都很优秀。我能考到这个专业，家里人都为我骄傲。我很努力地想要保持这种光环，但是真的太难了。"

该学生说，大学的前两年，她还能勉强保持一种平衡。大三上期的几门核心专业课让她一下子应付不了了，使她信心崩塌，陷入了恶性循环：上课听不进去，却想要努力赶上大家，但发现听不懂后压力变大，更无法集中精力学习。叠加的焦虑让她陷在挂科、退学、前途无望的念头里。

我充分肯定了她希望自己能好好学习的想法。"我觉得你已经做得很不错了。高考之后很少有人能立马就明确自己的兴趣，然后选一个自己喜欢的专业。首先，你面对这样一个自己不感兴趣的专业，依然能尽全力去学习，是一件值得肯定的事情。其次，你之前的学习成绩还是不错的，证明你的学习能力也没有问题。不过这学期的这几门课确实挺难，放在一起肯定会给你带来一定的压力。之前你落下的比较多，你觉得这几门课中哪些是肯定要挂的？哪些是努力一下还有机会及格的？"

这时候学生已经冷静下来了。她想了想，告诉我说其实并没有到肯定要挂科的地步。

"那么我们就以你认为最难的那门课程来看，你认为最难的部分是哪些知识点？现在你还能就这些知识点做什么？"

她讲了讲自己具体觉得困难的部分，然后提到自己正在看书学习这些知识点，也在补做一些习题，不懂的地方还去请教了老师或者同学。

"这样就很好，现在离期末还有时间。"

我对咨询的内容稍做整理和总结后便结束了本次咨询，并先行离开了咨询室。走之前，我告诉她可以在房间里坐会儿，不会有人打扰她，她可以平复好情绪再离开。

三、反思和总结

人的选择如此奇妙，哪怕是看起来最"坏"、最不可思议的选择，也隐含着正向、积极的动机。例如，选择在课堂上走神，其实是不想去面对自己怎么努力也可能学不懂这件事，说到底是因为太想学好这门课程；选择谴责自己注意力不集中，心理有问题，其实是不愿承认自己资质平凡，无法实现所谓的"优秀"，说到底是对自己抱有很高的期待；更常见的是，选择保持迷茫，不直面自己希望前往的方向，通常是为了避免努力后可能的失败，归根到底是对实现自己的理想有太大的期望。

面对这样的情况，咨询师若和来访者一起共振，谴责他现状的荒谬，或者直接给出所谓"正确"的方向和做法，只会加重他的焦虑和痛苦。当咨询师能以深刻的共情，接纳来访者目前这种"坏"的状态，来访者才有可能看到这个"坏选择"中的积极意义，从而帮助来访者摆脱恶性循环的束缚。

面对自我否定的来访者，可以接纳他的焦虑但不要被他"带走"。在咨询中既要沿着来访者的叙述全面地收集信息，又要跳出他焦虑的情绪来判断问题的症结所在。其后，通过讨论例外情形挖掘来访者身上的资源和优势，找到可以尝试的方向，帮助来访者树立信心，促进其行动。

案例2　坚定选择，远离焦虑

咨询师：王芳

一、案例背景

　　来访者，女，B专业大三学生，最近在找实习工作。她在写简历的过程中，感觉没有内容可以写，觉得上大学期间时间都荒废了。自己既没有实习经历，校园经历也比较匮乏，有点崩溃，所以预约了咨询。

二、咨询过程

　　来访者谈道，她目前上大三，摆在她面前的选择要么是就业，要么是留学。她个人认为目前的专业就业竞争力不大，更倾向于留学。她计划出国留学，转学计算机专业，这学期她跨选了计算机相关课程。来访者最近还打算找实习工作，但在写简历的过程中发现自己没有什么实习和项目经历可以写，这让她更加焦虑，甚至认为自己是一个"失败者"，没有用人单位会看上她。

　　如来访者所言，她的目标是留学，近期却因为找实习工作的事情感到焦虑。我尝试询问留学与实习的关系，试图找到让她感到焦虑的原因。

　　咨询师：听起来你是有比较明确的打算的，但我很好奇你这学期准备实习和出国留学有什么关系吗？

来访者：我觉得留学和实习关系不大。不过因为现在就业形势不好，我担心自己读研后还是找不到工作，所以我必须要增加实习经历，现在就是一个比较好的时机。我也知道自己焦虑的是下一阶段的事情，但是还是忍不住要去想。

咨询师：哦，虽然关系不是很大，但是你很担心自己以后的就业问题，所以感到焦虑。很多同学也会面临这样的问题。那还有别的原因让你感到焦虑吗？

来访者：嗯，还有一个原因是我觉得自己与身边优秀的同学对比没有实习经历与项目经历，我甚至很厌恶自己，感觉大学几年时间都荒废了。

咨询师：嗯，看来你希望自己能像其他优秀的同学一样有丰富的实习和项目经历。

来访者：是的老师，我觉得没有单位会要我这样的人。

我相信来访者并非如她所想的这么差，我希望了解下她目前正在做的事情，给她增加一些信心。

咨询师：你有没有不那么焦虑的时候呢？

来访者：父母比较支持我，所以疫情期间我在校外居住时，我感觉压力不是这么大。

咨询师：嗯，你不在学校的时候好像没那么焦虑。

来访者：嗯，我上学期选修了计算机的课程，并且学习兴趣较大。

咨询师：哇，你已经在做准备了呢。

来访者：嗯，因为以前没学过，所以我想趁这段时间补一下。

咨询师：进展怎么样呢？

来访者：还可以，我觉得自己在计算机方面的课程学习上表现还可以。

来访者是一个对自己的未来有较为明确的方向的人，并且也比较理性，她的焦虑更多来自当下这个阶段。我引导她看到了一些自己已经在做的事情，接下来我想通过询问她的目标来帮她找到更多的力量。我请来访者谈论下自己的实习计划，包括实习的时间、类型和目前的困难。

咨询师：你计划什么时候去实习呢？比如具体的时间段。

来访者：我计划实习的时间是 2023 年 6 月到 2024 年 1 月。

咨询师：现在距离实习还有 7 个多月，其实是有时间准备的。

来访者：好像是呢。

咨询师：那接下来我们可以做点什么呢？

来访者：我想我应该会继续学习计算机课程，刷题，另外做一些项目，以此来证明自己的能力。

咨询师：还有呢？

来访者：我会把每一次面试都作为一次尝试，看到自己的不足，挖掘自己的优势。

来访者在讲到接下来可以做点什么事的时候，她的眼睛里重新有了光彩，咨询也到了尾声。看着她又重新鼓起了干劲，我也很欣慰。咨询结束时，来访者反馈说，咨询前她觉得自己一无是处，咨询后她变得更加客观了，她也更加明确自己可以做点什么了。

三、反思与总结

在就业形势严峻的当下，学生很容易陷入焦虑，尤其是在与同龄人相比时，容易产生自卑心理，看不到自己身上的资源，陷入对严峻的就业形势的恐慌中。通过咨询，来访者树立了信心并进一步明确了方向。当咨询师与来访者具体讨论实习的细节时，来访者也意识到采取行动比在原地踏步更重要。其实每一位来访者都是解决自己问题的专家，我们做的只是陪他一起厘清焦虑背后的真正担忧，挖掘他身上的资源，给他赋能，寻找可以做的改变，从而构建解决之道。

自我认识是决策的第一步，很多时候盲目跟风是由于没有认清自己，常常会因为无法承受后果而陷入焦虑与迷茫之中。在这种情况下，咨询师应与来访者一起了解过去、分析现状，引导来访者拨开"迷雾"，明确内心的真实向往，从而找到未来发展的方向。

案例3　拨云见日找到方向

咨询师：吴龙霞

一、案例背景

来访者，女，X专业，大学本科三年级。

来访者自述对所学的专业既没有兴趣，也不擅长，对未来感到很迷茫。她对于将来从事什么样的工作完全没有概念，也不知道自己喜欢什么，擅长什么。她看到周围的同学都在准备考研，不知道自己将来是应该找工作还是考研。

二、咨询过程

咨询师：请说一下你自己在大学期间的学习情况和参加活动的基本情况吧。

来访者：我的学习成绩在班级大概处于中间位置。我从大一开始就在院学生会组织部工作，大二时任学生会组织部部长。在组织部工作期间，我参与和组织了学院的很多活动，也锻炼了多方面的能力，我感觉自己的组织协调和管理综合能力比较强。

咨询师：看来在学校这几年，你通过锻炼看见了自己的很多优势，应该还是有很强的竞争能力，那你还有什么可担心和纠结的地方呢？

来访者：老师，我觉得自己好像缺乏公开展示和自我表达的能力，而且很容易忘记一些事情。

咨询师：可以讲一下具体是什么事情让你对自己产生这种评价和印象吗？

来访者：比如，有一次我在课堂上进行小组作业展示，大脑突然断片，忘记了接下来要说的话，当时特别尴尬。之后我就特别害怕在公开展示的时候忘记想要说的内容。

咨询师：你是从小到大一直就是这个样子，还是中间有过什么经历才导致现在的这种状态呢？

来访者：小的时候我并不是特别害怕在公众面前展示自己，反而还特别喜欢在大人面前表演。初中时，有一次老师由于误解当着全班同学的面狠狠地指责了我一番，从此以后我就害怕在众人面前展示自己了。

咨询师：看来你并不是天生就不敢表现自己，而是被这次误解的经历吓怕了。这只是一次经历而已，并不代表周围的环境和人永远都是这么不友善。你自己也说了，之所以老师那样对你，是因为老师不了解实际情况，对你产生了误解。

来访者：嗯。（来访者点了点头，委屈地都哭出来了。）

咨询师：那我们再看看关于遗忘的问题吧。为什么经常忘事呢？小时候有什么特殊经历吗？

来访者：小的时候，爸妈关系不好，妈妈经常在我面前展示自己的痛苦，对爸爸进行各种抱怨和指责。每当这个时候我就觉得特别烦躁，不想听妈妈的抱怨，但是妈妈又没有别人可以倾诉，看她痛苦的样子，我不忍心也没有办法逃脱。但是老师，我就是觉得很烦，不想听她的这些啰嗦，就希望能把这些全都忘掉。

咨询师：这些确实不是你作为一个孩子在当时应该承受的东西。妈妈当时有自己的困境和无奈，但是对于你来说这种强行转嫁过来的痛苦的确过于沉重，已经远远超出了你的承受范围。你的潜意识觉得自己不应该承受这些，但又无法脱身，就自动开启了遗忘的功能，通过遗忘的方式来逃避这种痛苦。

来访者这个时候已经泣不成声。为了让来访者有一个宣泄自己情绪的机会，我们暂停了一会儿。

来访者：老师，我知道了。原来我只是不想记起那些痛苦的事情，并不是脑子不好使。

咨询师：哈哈哈！你都能考进 C 大来，考的还是 C 大热门的 X 专业，你还怀疑自己的智商呀？

来访者：（破涕为笑）可是老师，我对现在所学的专业并不感兴趣。我们这个专业需要每天和数字打交道，要处理无数的表格和数据，我对数字一点都不敏感，也不希望将来从事相关的工作。

咨询师：那你说说在你已经学习过的课程中，对哪一类型的课程更感兴趣，在哪些方面更擅长一些，以及你未来的理想职业是什么。

来访者：我比较喜欢管理学方面的课程，在学习的过程中我感觉自己并不怎么吃力就可以取得一个不错的成绩。我觉得理想的职业应该是那种可以组织大家一起努力并获得成功的工作。

咨询师：看来你比较喜欢管理学，综合你在学生会的工作经验以及你对未来理想职业的期待，看来你还蛮适合组织管理类型的职业。

来访者：老师，我觉得自己在管理方面很有天分，也很有兴趣，所以，我打算跨考管理学方面的研究生。

咨询师：这看起来是一个不错的选择，那你可以考虑围绕这个目标，安排接下来的一系列学习了。

来访者：谢谢老师帮助我找到了未来的方向，也让我找到了现在学习生活目标。回去以后我会仔细想一下，再选择一个合适的学校，之后就要好好准备考研了。

三、咨询反思

来访者内心的纠结和迷茫源于不够了解自己的需求，简单来说就是自我认识不够充分。学生表面上呈现出的表达能力和记忆力的问题，事实上是成长过程中她为了回避不能承受的痛苦而发展出来的防御机制，未必就是真的不具备相关能力。咨询师让来访者通过叙事的方式回忆过往经历的相关事件，帮助来访者看到曾经影响自己的历史事件对现在的束缚。一旦来访者看清楚真相，就能够充分释放和展现自己更多的能力，从而突破以往的能力制约，找到未来的发展方向。当来访者找到自己的发展方向之后，自然而然就会去找寻发展目标，经过不断的探索，就能拥有迈开步子往前走的勇气。

　　就业与考研选择的彷徨，只是来访者心理迷茫的外在表象。只有一层一层拨开他心里的迷雾，才能让他找到前行的方向。来访者只有看到自己内心的真正渴望，才能拥有坚定前行的不竭动力。愿这世间每一个行走的人都不被这眼前的浮云遮住双眼。

面对能量比较低的来访者，咨询师要用包容接纳的心态给予足够的支持，同时与来访者一起澄清其遇到的问题。咨询师可以耐心地引导来访者意识到任何经历都是有意义的，从而开始思考自己可以怎么做。

案例4　我该如何面对自己的“过错”？

咨询师：邹涛

一、案例背景

　　来访者，女，X专业，大三，因病休学一年后复学。来访者大一、大二挂科较多，希望通过考研改变现状。复习备考三个月后，她因患上了轻度抑郁症而终止考研备考，现在她的想法是只要能顺利找一份工作就好。咨询的问题是如何看待自己大学阶段遇到的挫折。

二、咨询过程

　　来访者认为，挂科都是自己的错，对大一时自己的贪玩非常后悔和自责。咨询师希望帮助她理解大一时自己的真实需要以及挂科的真正原因。

　　来访者：我是从Y省考到C大的，进校分数并不高。大一的时候，我想好好放松一下，就到处玩，因此大一结束时数学挂科了。当时我很难接受这个结果，毕竟我高中时成绩很好，在班上也是优等生。挂科后，我不知道自己该怎么调整，当时就觉得反正都那样了，就跟着学呗。大二的时候我就没有那么贪玩，但可能因为基础不好，还是挂了两门。

　　我想必须要把这些科目补上，就把自己逼得比较狠，天天上自习。

我经常觉得大学之路没有走好主要怪自己贪玩，很自责。

到了大三，我听别人说考研可以改变我的困境，只要考上研究生，别人就不会在乎你本科是不是有挂科。因此，我想我一定要考上研究生，于是在外面租房复习备考，但是复习了三个月我就崩溃了。

咨询师：怎么崩了？

来访者：突然有一天，我什么都不能做了，完全静不下心来复习。我心里非常焦虑和担心，整天只想躺着，起不来，体重一下子重了30多斤。后来，我办了休学。

咨询师：那你现在是休学返校回来？

来访者：是的。

咨询师：我看你身体状况还好，已经减肥了吗？

来访者：是的，休息的一年，我体重减下来了，状态好了很多。现在我刚返校不久，感觉又不好了。

咨询师：是哪些地方让你感觉不好？

来访者：与新的辅导员第一次见面，我感觉他态度不友好。他并没问我休学的具体情况，而是嘱咐我要与新的室友搞好关系，感觉我像是犯了很大的错回来的。一开始，我就觉得自己很卑微，想讨好他，但辅导员的态度让我很不舒服，我也不知道是不是自己哪里做得不好。

咨询师：你为什么要让自己显得很卑微？

来访者：我想自己吃了那么多苦，因为不懂事才走了弯路，现在终于回来了，更要处处谨慎，不要因为自己的原因得罪了老师，给自己造成更多麻烦，所以态度一直很卑微。

咨询师：你怎么看待这一年的休学？

来访者：都是我自己的错，当初就不应该那么贪玩，把时间荒废了，是我自己把事情搞砸了。现在跟辅导员以及同学的关系也处不好，反正感觉一团糟。

咨询师：你认为做得不好都是自己的责任？

来访者：是的！

咨询师：如果回到大学一年级的时候，你觉得自己真的能够做到不贪玩，依然像高三那样努力学习吗？

来访者：（停了一会）说实话，可能不行。我高三时的压力实在太大了，如果说大一进来就能努力学习，那肯定是骗自己的。我当时真的很想好好放松。

咨询师：嗯，看来大一想放松是你内心的真实需要。

来访者：应该是的。

咨询师：但你好像对内心那个真实的需要有点怀疑和自责？觉得自己应该要好好学习才对？

来访者：是的，我很后悔。

咨询师：你大一想放松的需要是应该被理解的，这个需要是合理的，只是你好像没有把握好分寸。

来访者：是，我没有把握好分寸。

咨询师：没有人天生就能把握好分寸，分寸感是需要学习的。也许这个挫折对你是有意义和价值的。

来访者：老师，你觉得意义和价值在哪里？

咨询师：你觉得呢？

来访者：如果重来一次，我可能需要重新合理规划一下时间，既不是完全去玩，也不是把时间全部花在学习上。

咨询师：嗯，好像你可以在这件事情上看到自律和安排好时间对自己很有用。

来访者：嗯。

咨询师：大学的意义不仅仅是取得好的学业成绩。高中阶段你比较习惯这个目标，但对人生的功课好像有点忽略。比如如何从"他律"到"自律"，如何自己合理安排时间。高中会有老师告诉你该怎么做，但大学没有，这一切需要你自己去摸索和学习。从大一摔的这个大跟头看，这似乎也是你学习过程中要付的代价。

来访者：好像是这样，但我原来从没这么想过。现在我感觉能接受多了，这确实是一个代价，我已经知道"自律"和"规划"的重要性了。

三、案例反思

对问题的澄清，是访谈的基础，咨询师要对来访者问题有足够的辨识，才能找到正确的咨询方向和路径。当来访者一直对自己的问题不清楚时，咨询师需要停下来，不要被来访者表面的讲述所迷惑，始终把握"澄清问题"这个关键。

另外，"自责"是阻碍来访者看到正确方向的一个很大阻碍，咨询师需要帮助来访者从"自责"的泥潭里爬出来，让其看到当下每一个行为的合理性，而不是陷于各种评判和谴责的沼泽里。

有的时候来访者因为考虑太多而行动太少，限制了自己的选择。面对受困于二元论的来访者，咨询师耐心细致地了解他对职业选择的想法，指出思维逻辑中的矛盾与限制，可以让他真实的担忧浮出水面，从而将其从当下的迷茫中拉出来。

案例5　专业之外别无选择

咨询师：凌小梅

一、案例背景

小Y，女，M专业大三学生，毕业后打算直接就业，但不知道自己未来该从事什么工作，准确地说是不知道自己能接受什么样的工作。

二、咨询过程

（一）初步的交流

小Y说自己最近感到十分迷茫和焦虑。看到身边的同学实习的实习，考研的考研，都在为毕业做准备，不知道自己未来应该做什么样的工作，以及现在应该如何准备，并且她还时常觉得后悔。

"我注意到你提到后悔，这个感觉是在什么场景下出现的呢？"

"在我为找实习工作撰写简历的时候，我觉得自己的经历单薄，浪费了很多时间。"

我打开她事先上传的简历，却看到了不少实习实践、比赛和社团的经历。"我看了你的简历，其实你做了挺多活动，也有过实习经历，但你好像还是有点责备自己，责备自己没能积累更多的经历。我猜测这和你最近寻找实习有关，你最近找实习的事情能再谈详细一点吗？"

"其实我就是不知道投什么样的岗位。我打算本科毕业就工作，但是金融类的本科可以做的工作比较少，我感觉很迷茫，感觉自己什么也不会。找实习的时候，我感觉别人要求的很多东西我都不了解，都不会，就觉得自己之前应该多做一些准备的。"

"你看了哪些岗位呢？其中有你感兴趣的吗？"

"有吧，但是我不清楚自己本科毕业能做什么，那些岗位究竟是做什么的招聘启事上写得也不清楚。而且我觉得自己没有过硬的技术，不确定自己能做什么。"小 Y 回避了自己浏览的具体内容，沉浸在挫败的感受之中。

我再次提问："你看了哪些岗位呢？"

小 Y 说自己看的大多数是金融行业销售类的，但她已经有一个类似的实习了，不太想去。还有一些互联网公司的战略分析部门、咨询公司和小一点的基金公司的岗位。

"那其中你最感兴趣的是哪个岗位呢？"

小 Y 叹了一口气，说："其实我并不喜欢金融，更喜欢的是文史哲类的专业。但是出于家庭情况考虑，担心文科类专业不好找工作，或者说找不到高薪的工作，才填报了现在的专业。所以现在动力其实不太够。我也想过换一个专业，但当时没有换。现在我也想过在非金融的领域找工作，但是担心竞争力不够。"

听她这样讲，我猜测小 Y 口中想去找工作的非金融领域是有一个特定的岗位，就直接询问她。她却表示自己从来没有考虑这么具体，只觉得人文社科相关的工作是很有创造性的工作，可能会更好。

我追问最接近她想象的工作是什么。她回答说是传媒，在进一步地澄清之后，她说她觉得媒体记者是一个很酷的工作，充满创造力。

"那么在你目前可以接触到的机会里，有没有一个能以你的专业背景可以去申请的媒体岗位呢？"

"有，有财经媒体的记者或者编辑，但这不还是一样吗，也是财经类啊。"小 Y 的反应很大，听起来完全不想考虑财经类的媒体工作。

（二）问题的澄清

"财经媒体的工作也是文字工作呀，但听起来你不太感兴趣。财经媒体和你刚刚所说的媒体工作有什么不同呢？"

"我比较感兴趣的是人文社科类的，能够探索一些社会现象的，比较有思考性的。"

"当你说到社会现象这一块的时候，我理解它是类似调查记者，新闻记者这样的工作？你有尝试过了解这类实习机会吗？"我顺着学生的描述提问。

"没有，我已经选了金融这个专业，现在的沉没成本已经很高了。其实我当时想的是要选一个好就业的专业。"学生似乎又回到了懊恼的情绪里，开始解释当初决策的逻辑。"目前我的状态是虽然从事金融工作内心会有点痛苦，但我大概率还是会这么选。我很向往新闻媒体这样的工作，但我现在不敢去选，觉得会有成本。"

我请她解释一下"成本"的具体内容。她表示，周围的人都在为了未来打算，做一些很实际的准备。与此相比自己这种在新闻媒体方面的尝试更像是"一种不切实际的浪漫动作"，和金融专业毫无关联，恐怕不能为未来带来什么益处。所以哪怕内心有些痛苦，她还是想选择从事金融类的工作。

聊到这里，学生所面临的困境逐渐显露了。在选择未来职业这件事情上，一边是她心之向往的新闻类工作，但她没有勇气放下已经花费在金融专业的时间精力和看起来的更好的收入预期，说到底还是因为没有信心自己能在新闻媒体的路上走得好；另一边是与她专业对口的金融行业，她不停告诉自己这是目前最正确的选择，也有了一些实习经历，但又感觉自己始终无法锚定一个目标，对此她归结于"对金融没有兴趣，没有动力"。

（三）引导与处理

"刚刚的讨论，我的感受是你被这两个选项拉扯，催促自己，急着做出选择。其实，我们能不能这样想：现在是大三上学期，不用马上做决定要选择哪个职业。寻找实习的目的就是为了验证自己的想法，现在就是尝试的时机。例如你曾经放弃过从事新闻媒体工作的理想，但始终心有不甘，我们能不能就拿出一个时间段来尝试一下，给自己一个交代，哪怕行不通也让自己安心？"

"我没有相关专业的背景，要找一个这样的实习太难了。"小Y的第一反应是后退。

"其实我们也不需要去找一个这样的实习，只是去做一件类似的事情就行。你不是觉得调查社会现象的调查记者很棒吗？或者这个学期我们就着重调查一个身边的现象，写一个报告，做一个自己的小项目，投稿与否都可以。有了切身体会后，再去做决定要不要真的走这条路。"

学生长时间的沉默，不发一语。

"当然，这要看你自己的选择，你也可以不这样做。但是如果不愿意做这样的小尝试，可能你就要承认对你来说这并不是一个真正的选项，也不用再继续纠结。"

"呵呵呵呵，老师你说得很有道理。"小Y的笑声显得很刻意。"我连想象都觉得很困难，就不用说真的去做了。"

"其实你可以尝试一下，哪怕是一点点行动，你也可以体验一下，而不是只在脑海中一直想象。这样哪怕你发现行不通，也可以给这件事画一个句号，而不是在以后去想假如当初我……"

"是的。想象的永远是最好……"

"是的，想象中你可以是中国最厉害的调查记者，但金融方面你已经实际做过实习，你知道这里面有多么烦琐，金融行业中不好的这一面你已经体验到了。如果咱们要拿现实经历中不好的一面去和想象中美好的一面去对比，那现实必然会输啊。"

"好像是这样的，我想开了一些了。"她擦了擦眼睛。"可能就是因为我没有真正做出选择，所以当现在遇到不好的事情的时候就会想，要是不这么选就好了。"

"对的，其实金融也挺好的，你在理智上也知道它有很多好处，但是在感情上你看不到它好的一面，因为你的心一直停留在想象中的媒体工作的创造性、自由和美好上。"

"确实是有一个心结，导致我只能看到金融令人讨厌的那些点。"

"是啊，你看财经媒体沾了'财经'两个字，你都很反感。你强迫自己必须去金融行业，告诉自己只能去金融行业，导致你抵触情绪特别大。"

"对，呵呵。"学生显得有点不好意思，又笑了。

我稍微停顿了几秒，等她的笑声停止。"那咱们就松一松，其实怎么选择都可以。你还有时间，去尝试一下，然后选哪个都行。"

三、反思与感想

"我不知道我想要什么，所以我没法选择。"这句话常常在职业生涯咨询里出现。不可否认有时候同学们确实是因为信息不足无法理性地进行判断和选择。但对于已经有过很多尝试，尤其是对像小 Y 一样经历丰富的同学来说，信息缺乏绝不是迷茫的主因。与其说"我不知道我想要什么"，不如说是"我觉得我想要的没有希望实现"。有时候它也会伪装为"从理性的角度考虑，我想要的不现实，没有益处"或者"我感兴趣的不是一个理性的选择，其实我也没有那么想要它"。一旦被这样的伪装说服，学生就会陷入迷茫，因为面前的千条路，除了那条心之所向的，剩下的 999 条其实并无区别，都是"我的次选"，学生又怎么可能从一堆次选里选出坚定的方向呢？

对于非毕业年级的学生，我始终希望能鼓励他们多尝试。因为哪怕尝试的结果不是自己预设的样子，至少他会有一种满足感，这是自我实现的满足。它能给人信心，帮助他面对之后的人生旅程。换句话说，去做一件自己想做的事情本身更重要，而事情的具体内容有没有很"厉害"反而没那么重要。就好比学习走路的幼儿，哪怕跌倒，但只要他有过这样的经历，他就会懂得他有行走的能力，能够走到自己想去的地方，触摸自己想碰触的一切。而反之，如果仅仅单纯地从理性和现实利益的考量出发，哪怕做的事情看起来再光鲜，反馈到自我和内心的力量也将屈指可数。

至于案例中的小 Y，我有一种感觉，当她真正尝试过媒体实习之后，她大概率会回到金融领域。因为她对传媒的热爱和对金融的厌恶背后更多是一种对规训的抵触。这种规训有来自外部的，也有已经被她内化的。理智上她可以非常认同，但人心不可作伪，尤其当她在现实中遇到挫折时，她会不停感受到被拉扯，实习中令她不满意的东西很容易就会化为对自己的质疑，这时的"传媒梦"就仿佛成了她的避风港。一旦她真的打破这规训的束缚，重新公平地看待两个选择，是否真的还会去往传媒的方向呢？我觉得很可能不会。但无论如何，这个挣脱心灵束缚、自我实现的过程必不可少。如果没有这个过程，哪怕是同样的选择，也会显得缺乏底气，充满遗憾。

是父母的期待？还是自己的意愿？在做职业选择时，与其纠结选项，不如理性地分析。面对急于寻找答案的来访者，咨询师不直接解答问题，而是先澄清问题，了解来访者对选项信息的掌握程度，继而给出切实可行的建议，推动来访者迈出选择的第一步。

案例6　困难的第一步

咨询师：张碧倩

一、来访者背景及问题

来访者，女，X专业本科三年级学生。来访者有较为明确的求职目标，想考取成都地区的公务员。因为父母的期待以及受对口专业就业前景不明晰的影响，她开始纠结要不要考研，希望通过咨询明确自己应该准备考研，还是投入公务员考试复习中。

二、咨询过程

（一）建立关系及澄清咨询目标

咨询师：你好，同学！我看到你预约的问题是想了解"X专业就业前景以及薪资"，能再展开补充介绍一下目前困惑的具体情况吗？

来访者：好的，老师。我是X专业的，我比较想考公务员，因为我觉得自己还是比较想过安逸的生活，不想有特别大的压力，但我爸妈就很坚持想让我去考研。所以我就不知道要不要去考研。

咨询师：听起来，你想和我讨论的问题是：你是要考研还是考公务员的选择问题，是吗？

来访者：是的。

咨询师：听起来，你对于考公务员的想法是很明确的，考研只是你父母的建议。那你按照你自己的考虑选择考公务员不就可以了吗？

来访者：其实我自己也有犹豫。因为我担心，如果我只是本科学历就去工作的话，那工作以后学历会不会限制我发展呢？老师，其实我很想知道，公务员招录是不是很看学历？

咨询师：你说的这个"公务员"概念太宽泛了，不同地区、不同单位、不同岗位的情况都不一样。你想考的公务员是什么地区和什么类型的岗位呢？

来访者：具体的岗位我还没有想好，但地区的话我比较确定是想选择成都。我的老家是在 Y 省，但我觉得 Z 市（Y 省省会）的发展不如成都，所以我想要留在成都找工作。

咨询师：即使你求职地区确定是成都，但各个岗位之间的要求差别还是比较大的。你有没有查过以你的专业以及你的学历条件，目前在成都可以报考什么样的公务员岗位呢？

来访者：还没有。

咨询师：你打算参加省考还是国考呢？（评估来访者对职业世界的了解状况）

来访者：都参加？

咨询师：听起来，你还没有考察过具体的报考信息。

来访者：是的，因为我也不知道要不要考研。如果要是确定了考研的话，那我也就不需要去准备公务员考试了。

咨询师：那考研的信息，你都已经了解清楚了吗？比如说你准备考哪个学校、哪个专业的研究生？

来访者：我准备考我们学校本专业的研究生，因为我觉得这个对我来说还是比较简单的。

咨询师：据我所知，目前我们学校的考研成功率，没有你描述的乐观，应该是低于50%的。那么你对于考研一定能成功的这种信心，是来源于哪里呢？

来访者：我觉得我学习能力还比较强。

咨询师：嗯，你目前三年加总的成绩排在年级什么位置呢？

来访者：我目前的成绩是肯定保不了研的。

咨询师：那能排在前 50% 吗？

来访者：好像也不太行，但是我的学习能力很强，我觉得如果我想考的话，一定能考上。我之前成绩不太好，是因为我进大学后有点放松了，我到现在为止都还没有好好学习过。如果我投入足够时间的话，我觉得应该是能考上的。

咨询师：其实考研和找工作一样，是需要制订计划，提前进行准备的。你有没有问过已经考上的学长学姐，他们考研都做了哪些准备？这些准备你都做好了吗？

来访者：我问过考上的学长学姐，他们说考研究生也没有那么难，但确实是需要一年左右的准备时间。

咨询师：你提问的群体存在幸存者偏差的问题，因为你问的人都是考上的人，因此他们对于考试难度的评价应该只能代表一部分备考群体的状况。但我们掌握的信息是，报考的同学至少一半以上是无法被录取的。所以如果你去问这部分没有被录取同学的话，他们可能会给你不同的答案。

来访者：我觉得我的学习能力是很强的，所以我觉得我只是需要决定要不要考研的问题，况且我考的是本校，应该没有那么难。

咨询师：有信心是好事儿。既然你确定能考上，又觉得研究生学历比本科学历更有竞争优势，为什么不直接选择去考研呢？

来访者：但我觉得如果要是能直接去工作的话，去考研的意义就不大了，因为毕竟考研也是要费很大精力，是很累的。如果我能直接找到工作，不考研也挺好。

（二）澄清阶段目标及制订行动计划

咨询师：你说的情况我大概了解了。我尝试梳理一下你目前的状况，你听听看我的描述和你想说的有没有偏差：目前，你面临两个选择，一个是公务员就业，一个是考研。考公务员符合你的职业兴趣，但是对于报考信息你并不了解，比如考什么岗位、这些岗位有什么要求、什么时候考试、需要准备什么内容等你都不知道。考研这个选择你比较有信心，这个信心是基于你自己感知的学习能力和学长学姐的鼓励。但从我掌握的信息来看，考研并不是一件很容易的事情，甚至可以说是很困难，会有很大一部分同学考不上。所以我认为你对于考研面临的风险了解得也不是非常充分。所以，目前你好像是在两个自己都不怎么了解的选项中进行选择。

来访者： 好像是这样。

咨询师： 如果我们没有清晰了解选项的信息，是无法做出理性的选择的。换句话说，我们对选择项了解越多，才越能够清楚地知道该如何做出选择。所以目前我的建议是，先不着急确定是要考公务员还是要考研，先用一点时间，大约一周就可以，去把两个选择的信息掌握清楚，你觉得可以吗？

来访者： 可以的老师。那我应该了解些什么呢？

咨询师： 一方面，我建议你首先用去年成都市公务员的报考信息制作一个 Excel。在 Excel 的第一列，列出工作的岗位名称；第二列列出岗位描述；第三列列出岗位需求，包括这个岗位所需要的专业条件、学历层次等信息；第四列你依据目前的状况，把岗位分类标注为"不感兴趣+有资格报考""不感兴趣+无资格报考""感兴趣+有资格报考"和"感兴趣+无资格报考"四类。这样可以为你做下一阶段的选择做准备。另一方面，在考研这个选择里，我建议你深入了解本专业的考研准备周期、难度、报录比等信息。这些信息你知道从哪里去找吗？

来访者： 公务员信息我可以从网上找，考研的我再去找老师和其他学长学姐问一下。

咨询师： 很好。这样两方面信息准备充分之后，你的选择可能就会逐步浮现出来。另外，这两个选择其实是相互补充的。假设你的 Excel 表格标出很多都是"感兴趣+无资格报考"这种情况，你就需要看一下卡在什么资格方面。如果是专业不符合或者学历层次不符合的话，那么为了实现你的职业目标，可能你就需要选择考研了。

来访者：好的老师。

咨询师：当然，前提是你还需要通过生涯人物访谈等方式，去了解你感兴趣的岗位的更多信息，以及确认岗位是否是你真的感兴趣的。

来访者：好的老师。那我回去先把这两方面的信息搜集清楚，再做决定。

咨询师：好的，加油！如果在资料搜集之后又遇到了新的问题，可以再来预约咨询，我们在新的信息背景下再来尝试讨论。

来访者：好的老师，我回去就去开始信息搜集。

三、咨询反思

此案例在初次就业的学生中具有代表性。由于对选项信息掌握不充分，学生无法做出相应选择。咨询师需要在咨询中先推动学生对选项的相关信息进行全面了解，包括选项优势、劣势、风险和收益等信息，在信息充分的情况下再帮助学生进行相关的职业选择。

一周后，来访者将搜集好的 Excel 表格发给咨询师，并发信息说"老师，我把四川的公务员全部找出来了，我发现本科能去的很少"。通过信息搜集引导，来访者对外部职业世界有了较为详细的了解，更重要的是调整了她的求职心态。从来访者详细梳理信息的能力和快速的执行力可以看出，她本身具备较强的个人素质。在之后的咨询中，咨询师可以在已有信息的基础上，帮助来访者更好地做出选择。

很多来访者选择的困境源头并不是选择本身，而是对选项背后的信息掌握不充分。在来访者提出选择困境后，咨询师应先判断其信息掌握的充分程度。如果来访者信息掌握不充分，咨询师应先引导来访者了解更多的信息之后，再进行选项的分析。

职业生涯决策是一个人自己的事，但绝不仅仅只和自己有关。面对担心自己无法满足父母期望而表现出"叛逆"的来访者，咨询师不以道德价值评判这份"叛逆"，而是耐心倾听、真诚共情，揭开了他这份"叛逆"之下对于父母期待的在意与看重，还原了职业生涯目标与其父母期待之间原本的联系，帮助来访者打开了心结。

案例7　我就是不太想让他们满意

咨询师：曾月

一、个案背景

　　来访者，男，大三学生，因为不太确定自己以后究竟是出国读研还是国内保研所以预约咨询。

二、咨询过程

　　开始工作前，咨询师以为这又是一个类似职业生涯决策做选择的问题，心想可以用决策矩阵、SWOT等工具来辅助咨询，但是来访者主动聊到了自己的父母。

　　来访者：父母对我的期望特别高，他们自身都挺优秀的，而且他们身边同事的小孩也都挺优秀，所以他们认为我肯定不会输给他们。但我就很苦恼，我觉得我其实没那么好。

　　咨询师：父母对你的期望给了你很大压力。

　　来访者：是啊，我和别人挺不一样的，有时候我就不太想表现得那么好，我在家一般是报忧不报喜，因为一报喜我父母就会对我提更高的要求，所以我在家从来不学习，给他们一种我很懒散的感觉。

咨询师：可以问问你父母是从事的什么工作吗？

来访者：我爸在国企，我妈在酒店工作，他俩都算是个领导吧，工作方面都挺厉害的。我读中学时，我爸经常被外派去北京，我妈则经常去上海，估计认识了不少精英人士，所以眼光也很高。像我爸有个同事儿子就在硅谷的苹果公司当工程师，我爸就特别想我也去美国，留在国外工作。

咨询师：那你自己想要出国吗？

来访者：我觉得在国内保研可能更稳一些，如果出国我就只想去新加坡或者欧洲，但是我爸妈又觉得这些地方不行，他们觉得我最好去美国。

咨询师：所以你的想法和父母的不太一样。

来访者：对，我感觉我的价值观和我爸妈的挺不一样的，我自己其实比较喜欢稳定一点、没那么大追求的生活，他们就喜欢那种人上人的感觉，他们觉得只要你努力，就会成功。我感觉我永远没有办法满足他们……

咨询师：因为父母一直不停地对你提出更高的要求，好像成功是没有上限的，对吗？

来访者：是的，所以我不想在他们面前表现得太好。同学去我家玩，我会叮嘱他们不要告诉我爸妈我在学校的实际情况。我天天在家就想让他们感觉我都在玩。我感觉我不太能和他们沟通，现在误会也越来越大，他们觉得我学习不太认真。

咨询师：其实你在学校表现是不错的，但因为害怕自己永远没有办法达到父母的期待，所以你故意给他们造成你不太努力的错觉。如果永远不能让他们满意，你宁愿一开始就不让他们满意。

来访者：好像是这样的。

咨询师：如果回到你的职业生涯决策上，你刚才聊了这么多你与父母之间的关系，我感觉你在他们面前的掩饰有一些叛逆因素在里面。如果你静下心来，排除父母的因素，根据你自己真实的想法以及目前的实际情况，你认为出国读研乃至去美国读研会是一个还不错的选择吗？

来访者：其实，我之前也和我们学院一个教授聊过，我们都觉得出国可能是更适合我的一条路。

咨询师：对。因为在刚才的咨询过程中，大部分时间你都是在聊父母以及你和他们之间的关系，他们的期望造成了你内在的冲突。我感觉你很佩服你的父母，你也很在意父母的看法以及希望得到父母的理解和支持，但很多时候你会故意表现得与他们的期待背道而驰。这些冲突可能都会混淆你真实的想法和判断。其实出不出国、去哪里读书应该是你做选择，你需要为自己未来的人生负责，所以你更需要听听自己内心的声音，拨开心里的迷雾，更客观地去进行评估。

来访者：好的，我明白了，谢谢老师！

三、个案反思

在这个案例中，来访者看似非常纠结于自己的职业规划，但来访者的话题却更多围绕着他与父母的关系。咨询师发现了来访者表面的叛逆和内心的矛盾之间的关联，意识到简单的价值观厘清并不能帮助来访者下定决心做出决策。咨询师通过倾听、共情的方式，让来访者尽可能地释放情绪、倾吐心声。咨询师尝试引导来访者划清父母对他的期待和他自己人生真正追寻的目标之间的界限，让来访者看到自己不想让父母满意的背后实则是太想让父母满意且害怕无法实现的心理。通过咨询，咨询师帮助来访者一步步剥离开"逆反之心"对自己选择的影响，从而更客观地明确自己的目标。

第三章　整装待发，决策通往梦想

本章导读

本科四年级学生是传统就业指导服务的主要目标，也是目前职业生涯咨询的重点人群。在这一阶段，学生的生涯任务是需要完善毕业去向相关的决策，并以行动实现自己的选择。因此大四学生职业生涯咨询频率最高的问题就是"选择"问题。本章的七个案例或多或少都与选择有关。案例"对与错是什么""生病后，我的职业生涯将如何规划"都是比较典型的选择问题，反映出除信息搜集梳理外，大四学生的选择问题常常伴随着自信心问题，以及其与父母的关系问题等。

有时候，来访者咨询的问题带着"选择"二字，但其心中困惑的真正主题却不一定是选择本身。选择困惑背后的主题可能是"挫折"。当学生遭遇了挫折，却未能及时从中恢复，陷于负面预期和情绪之中，自我效能感就会持续降低，越想摆脱困境越是无法行动，很可能会误以为自己的困境是需要做出选择。升学失利是大四学生最常见的挫折，正如案例"马上毕业的我该怎么办？"和案例"未曾真正选择"所描述的一样，学生如果无法及时从考研失利的挫折中恢复，就很容易纠结与迷茫，滑向"慢就业"和"盲目二战"。有时，这种受挫感甚至不是来自现实发生的显著事件，而仅仅是学生头脑中主观的感受和联想。例如，在案例"就业之路在何方"中，来访者在备考研究生入学考试的过程中十分担忧自己落榜，于是其在尚未决定放弃考研时就开始寻找自己的求职方向，希望以一个"明确的就业方向"来缓解焦虑或提升动力。

在最复杂的选择困境中，学生的问题甚至可以追溯到高考的失利，在案例"被掩盖的问题"中，由于学生沉浸在过去的挫折中，不能很好地适应大学生活，完成对专业的认知探索，也未能及时合理调整规划，最终停留在价值概念的自我博弈中，似乎陷入了无路可走的困境。

本章中还有一个困惑产生于选择之后的特殊案例。案例"关于选择的意义和价值"中学生已经实践了自己的选择，成功保研并入职券商实习。但在实习过程中，学生感受到了一种不可言说的迷惑和苦闷，单纯沿着世俗认定的成功之路前行似乎并没有带来想象中的充实和成就感。这个问题虽然不是源于选择本身，但它揭示了选择中的重要议题，确认了自我的需求与外界评价的关系。

在来访者面临选择时，如果发现来访者纠结在对与错的概念中，哪怕他对外界的事物了若指掌却依然不能拿出一个清晰的标准，多半是因为内心想要逃避，不能很好地看清自己的意愿和需求，也就生不出选择这个意愿的坚定信心。在这样的情况下，来访者对不确定的未来产生抗拒，甚至直接将"不确定"定义为"错误"，也就不足为奇了。

案例1　对与错是什么

咨询师：吴怡然

一、案例背景

来访者，女，大四学生，即将毕业，不打算考研，希望直接工作。目前已经获得了几个不同的 offer，对比后认为各有优劣，无法做出选择，因此来咨询寻求帮助。

二、咨询过程

来访者讲完自己的意图后，我请她先介绍一下目前获得的 offer 的具体情况。她表示自己在三家公司之间犹豫不决。第一家公司是 C 市一家金融租赁公司，主要工作内容是拓展公司的融资租赁业务；第二家公司是 C 市一家科技咨询公司，主要工作内容是做企业财务大数据转型的咨询顾问，类似产品经理或者项目经理；第三家公司是 H 市一家新成立的公立医院，岗位是财务相关的事务性工作，这份工作的地点在来访者的老家。来访者对三个工作的内容、性质都非常了解，还和我陈述了她心目中这三份工作各自的优劣势：工作一的优势是平台大、起点高，并且薪酬待遇优厚，劣势是融资租赁业务需要自己挖掘客户，来访者自认为不擅长相关工作；工作二的优势是工作内容较前沿，符合业内新的发展形势，未来前景广阔，劣势在于公司小，平台小，待遇低于其他金融行业的公司，且不够稳定；工作三的优势是离家近，工作稳定又轻松，劣势是她本人并不想回老家工作。最后来访者总结说，她本人最感兴趣的工作其实是第二个。

来访者的这番说法让我感到非常疑惑，她对每一份工作的情况都如此清晰明了，也明显有自己的偏好，为何仍然无法做出选择？于是我向来访者提出了这个疑问。

咨询师：听你所说，每个工作你都了解得很清楚，最感兴趣的工作也确定是第二个，那为什么还认为自己无法做出选择？

来访者：老师你认为我应该去科技咨询公司吗？

咨询师：你刚才告诉我，你最看好这个公司的未来，也对这份工作最感兴趣。

来访者：是的，但我还是没法决定，因为我还有一个担心。

咨询师：担心什么？

来访者：现在最大的担忧是这家公司的工作都集中在很专业的一个领域，我怕太专业了，之后路会越走越窄，不好跳槽。

咨询师：为什么你还没有开始工作，就已经想到要跳槽？

来访者：这几个工作各有好坏啊！说实话其实它们都不是我理想的那种工作。

咨询师：你理想的工作是怎样的？

来访者：平台更大一些，薪酬待遇更好一些，工作内容偏向前沿的吧。

咨询师：现有的 offer 里面没有符合你理想的吗？

来访者：没有合适的，现有的 offer 都差那么一点点，不是太满意。

咨询师：原来如此。现有的 offer 都不满意，不就应该继续找别的工作吗？为什么又要在这三家里面选？

来访者：秋招快要结束了，之后机会就更少，而且咨询公司那边一直在催我签约……所以现在我应该再拖一会儿，尝试找下别的工作，实在不行就签这家咨询，是吗？

咨询师：要怎么做全看你自己怎么想。

来访者：我目前就是这么想的。

咨询师：那就按照你想的去做。

L（沉默了一会儿后又开口）：但是我还是希望获得一些建议。

咨询师：关于什么的建议呢？

来访者：我现在虽然是这么想的，但我觉得，我也没有特别想好。所以我想问一下，从老师你的角度来看，你觉得我应该从哪几方面来考虑从而做出决定呢？

咨询师：要做出决定的人是你，为什么要从我的角度看？你的选择应当从你自己最在意的方面来考虑。比如说，一份工作，你希望通过它满足自己的什么需求？或者你想从工作中得到什么？又或者，你想要的是什么？

来访者：我……我可能没有想那么清楚。

咨询师：那就好好想一想，想清楚。

来访者：还有一个问题，别人都说我们第一份工作选择的方向基本上会决定之后职业的方向，所以其实我很怕第一步走错了。

咨询师：你觉得什么叫走错呢？

来访者：就比如说现在，我觉得这个咨询公司的 offer 很好，就去工作了，做了一段时间后，却发现这个公司或者这个行业突然开始走下坡路，这个应该就算是第一步走错了。

咨询师：所以呢，如果真的发生你说的这种情况，你会怎样？

来访者：就是我现在很怕，真的很怕是这一次选错了，然后影响后面的发展。

咨询师：是啊，所以我问，你会怎样？假如你说的情况发生了，真的影响了后面的发展，对你而言有什么问题？

来访者：为什么要想这种问题？难道不是应该趁着事情发生前，考虑如何不要选错，如何做出正确的选择才有用吗？

咨询师：嗯，那你觉得怎样才能做出"正确"的选择？

来访者：我不知道。

咨询师：所以你希望我告诉你如何"正确"地选择？

来访者：是的，所以我才来咨询。

咨询师：我不知道。

来访者：啊？

咨询师：我没有理解你认为的"错"是什么，因为你没有告诉我你担心的"错"会造成怎样的结果，这个结果对你的困扰又是什么，你只是反复强调"应该"去做"正确"的选择。同样，我也不清楚你认为的"正确"是什么，因为之前我询问你在意的方面有哪些，你告诉我你还没想清楚。退一步说，就算这两点都是明确的，你现在向我索要的也是一个确定不变的，对未来结果的保证。我没有义务保证你的未来，这是你自己的事情，就算我有这个义务，我也做不到，你曾经见过谁能在一件事情发生前就笃定事情的结果吗？

来访者：所以说，现阶段的最优解，不一定在未来也是最优的？

咨询师：事情总是在变化的。

来访者：好的，我知道了老师。我会回去再想一下的。

对话至此后，来访者表现出不希望再谈的意思，因此我提前结束了这次咨询。

三、反思与总结

这个案例中，咨询比平时更快结束，但这不是因为解决了来访者的问题，而是因为我对她的某些问题没有更深入地追问。这次咨询，我更多是顺着来访者的话题进行询问与总结，花在梳理思路和捕捉来访者真实问题上的精力有所不足，整个咨询的节奏有些散乱，我对这点不是特别满意。这提醒了我，在以后的咨询中，我需要让注意力更集中，才能更进一步把握好应有的咨询节奏。

我遇到的这位来访者，给我留下了深刻的印象。我在事后梳理我们的对话时发现，她对外界的事物了若指掌，却对自己的事情一无所知，两者对比之下，让我产生了非常强烈的反差感和违和感。对来访者来说，这种看似清醒实则迷糊的状态，很令人担心。虽然她说"知道了，回去会再想一下"，但我的意思到底有没有正确地传达给她呢？我对此不太乐观。而这位来访者对不确定的未来有着巨大的抗拒，直接将"不确定"定义为"错误"，甚至不愿意思考不确定的结果可能带来的影响，这样的倾向也很令人担忧，我从中感受到了回避、无视和深深的恐惧。这种恐惧，或许正是来访者目前这种未能认清自己的状态在她的心中留下的阴影。但这种对自己事情的无知无觉，又是因何而起？是因为我们的教育缺失？是受个人的生活环境的影响？还是社会的某些投影？所谓"对自我的探索"，听上去总是感觉有些空洞而宏大，但在我们的咨询过程中，确实能让我们感受到它无处不在的影响力。

> 每个人生而不同，身体素质和家庭背景有时是我们无法选择的人生起始底牌。当这副底牌不那么丰厚时，信心从何而来？也许来自行动之中，也许来自看清客观事实后向前的每一步尝试。对类似的案例，定期、持续的职业生涯咨询能够提供学生所需的支持和鼓励。

案例 2　生病后，我的职业生涯将如何规划？

咨询师：张碧倩

一、来访者背景及问题

来访者，女，G 专业大四学生，入学后发现患病，休学一年，接受医治后返校。目前身体条件不能满足公务员招录要求，未来也不能从事高强度工作。学生来咨询的问题是：觉得自己找不到工作，怎么办？

二、咨询过程

（一）建立关系及澄清咨询目标

来访者陈述了自己患病及复学的过程，其陈述过程存在努力组织语言和压抑悲伤情绪的情况。看到来访者我的第一感觉是，微胖，情绪有点忧伤和压抑。第一次接触到因病史造成就业困难的来访者，咨询师本身也感到有点无措。

来访者：我现在大四，但是觉得找不到工作，不知道该怎么办。

咨询师：大四这个阶段确实比较容易感受到很大的压力，这个阶段大家感觉到找不到工作是很普遍的，能和我说说你为什么觉得找不到工作吗？

来访者：其实我以前得过病。当时检查出来后需要休学，所以在家治疗了一段时间。现在找工作时发现我是没法考公务员，也没办法干很重的体力活，觉得很多单位可能也会因此不要我。

咨询师：公务员考试的要求是有明确指出来你的病症不能报考吗？

来访者：虽然没有写出来，但是体检的时候要查，我的病就会查出来指标异常，体检过不去。

咨询师：那确实有点遗憾，公务员是你最喜欢的职业选择吗？

来访者：我家在南方，是一个小地方，家里就我一个孩子，所以毕业之后我还是想找离家近一些的工作，可以照顾父母。在我家那边，工作强度合适最可能找到的工作就是公务员和老师，但是我还没考教师资格证，所以现在就不知道能干什么，该怎么办。

咨询师：明白了，确实是这样的。想在家乡做一个工作强度不太大的工作的话，公务员是一个不错的选择。另外你提到教师资格证，有没有计划考一下呢？

来访者：有的，我在复习了，十一月份考试，但我听说教师也要体检，也有可能通不过。

咨询师：看起来身体的原因对你就业确实造成了挺大的影响。那有没有离家近、工作强度没有那么大的其他的职业可以选择呢？

来访者：我不知道，但是我家里人很希望我考公务员，他们让我先复习备考，到时候体检不过再说，但是时间上根本无法协调，我的论文现在还没有开始写。我和我妈沟通的时候，我妈就觉得不着急。她生活在农村，就觉得找工作是毕业之后的事情，现在找不到没关系。

咨询师：那你有和她尝试说过你现在的处境和困难吗？

来访者：我没有。

咨询师：其实你很焦虑的时候可以尝试和家人多沟通，让他们和你一起商量、一起面对会不会更有力量呢？

来访者：我尝试过，但是我妈不是很在意。就像我当时发现自己生病了，我就很害怕，一直哭。检查出来是这个病后，我亲戚给我妈打电话，她当时在打牌，说知道了，就没有再说其他的了。我回到家和她说我的病，她也没当回事，说不知道我为啥要哭（来访者开始哭泣）。后来我治完病回家，我妈煮饭也还像原来一样，放的调料比较多，我就和她说，医生说我需要饮食清淡，不能放这么多盐，我妈说没关系呀，那么清淡不好吃。

咨询师：（等待来访者平复情绪后）我能感觉到你很伤心，真的很不容易，自己生病但是好像妈妈并不是很能理解你或者很好地照顾你。我发现，你的情绪里有委屈，但是好像没有愤怒。

来访者：我妈可能就是这样的人。因为我家是农村的，供我读书很不容易，而且我生病花了家里很多钱，所以她也挺不容易的。她觉得找工作这个事情没有啥困难的，如果考不上公务员，也可以随便找一个工作，打工就可以了。但是我还是想找个好一些的工作，为家里减轻负担，让父母过上比较好的生活。

咨询师：（感觉这段描述以后，来访者有了力量感）你是个很有责任心的孩子，其实每年我们都会接待很多大四的同学来咨询就业问题，你的学长学姐们每年刚开始找工作的时候也是和你一样觉得自己找不到工作了。但是相信我，最后大家都能够找到，同时我们也要意识到，找工作这个有些煎熬的过程是无法避免的，熬过去就会好的。有一个研究生学长，前年10月份我碰到他，他也说肯定找不到工作了，投出去好多简历都没回音，特别沮丧。但是当12月份我再遇到他时，他已经拿到3个offer了，大家都是这样过来的。而且大家在求职过程中都会面临一些困难，像你可能会受身体原因的限制，有的同学可能是成绩不好，也有些同学是因为考研落榜错过了秋招。大家都是带着不同的困难在寻找一个合适的岗位。但是相信我，你肯定能找到的，而且我会陪你一起，直到你找到工作为止。

来访者：谢谢老师。

咨询师：那接下来咱们先一起梳理一下现在就业的准备和时间安排可以吗？

来访者：好的。

（二）澄清阶段目标及制订行动计划

咨询师：你有简历吗？

来访者：有，但是应该不太好。

咨询师：明白，那你有没有面试经验？

来访者：没有。

咨询师：那你有没有实习经验？

来访者：有的。我暑假在我们当地的人才交流中心实习过，也在成都一个公司的 HR 部门做过实习生。

咨询师：很好啊，本科生有两段实习经历已经很不错了。那在校期间有没有参加过什么比赛或者学生活动？

来访者：比赛我没怎么参加过。生病回来之后，我就担任了我们班的班长。

咨询师：很不错啊，大学期间当过班长是一段很好的学生工作经历，对找工作很有好处。那你除了看过公务员和教师的招聘信息，有没有关注过其他的就业招聘信息？

来访者：没有。

咨询师：那我们现在尝试看看吧。现在才九月份，秋招刚开始，我们还有很多时间准备，所以不用着急，我们一项一项去做，就能离就业目标越来越近。现在我们需要做的是两部分，第一部分是从简历和面试方面进行提升，第二部分是进入到招聘市场了解招聘信息。我们一起来做一个计划好吗？

来访者：好的老师。

咨询师：首先，下次咨询你把简历拿过来，我帮你进行简历的精修。同时，我需要你到就业指导中心的官网去看看，并做一个 Excel 表格，把你感兴趣的招聘会都列进来，注明单位名称、宣讲会时间，然后按照列表挨个去听宣讲会，并开始尝试投简历。去宣讲会的目的有两个：一个是了解这个公司具体的工作要求，看看是不是你感兴趣的岗位,是不是高强度的工作;二是争取面试机会。在有面试通知之前你可能还需要准备你的自我介绍,你先按照自己的判断写出来,等下次看简历的时候也带过来,老师帮你一起改。我们把这个时间范围限定在两周内,两周之后,建议你带着你的简历、宣讲会表格和面试自我介绍纸质材料过来,我们一起再复盘,再就这两周的体验和困难进行讨论,可以吗?

来访者:好的,谢谢老师。但是老师,我还有论文和教师资格证的考试要准备,感觉时间好像来不及。

咨询师:这个阶段要同时做很多事情。这也是对我们多线程工作能力的一个锻炼。论文是要什么时候提交?

来访者:不太清楚。

咨询师:好的,那应该不急于这两周。那这两周再加一个沟通的任务,请你去和你的论文指导老师见一次面,和老师一起沟通一篇论文的写作计划,下次带来我们一起商量。教师资格证什么时候考?

来访者:十一月份。

咨询师:明白,那你现在看得怎么样了?

来访者:我看了一遍书了,现在需要再过一遍。

咨询师:明白,那你可以按天制订一个计划,根据你的复习计划规定每天需要看书的时长,确定一个固定的时间段,比如每天晚上几点到几点,并在接下来的两周执行看看。

来访者:好的老师,明白了。

咨询师:现在好些了吗?

来访者:好点了,感觉没有那么慌张了。

咨询师:有老师陪着你,不用怕。

来访者:谢谢老师。

三、咨询反思

该个案的代表性在于咨询者具备就业能力，但由于对于就业市场不了解以及来访者对自身条件评价过低造成其对就业的严重恐惧，而无法启动就业行为。该个案的特殊性在于来访者的就业限制条件是疾病，因此在咨询的整个过程中心理层面的鼓励和安慰多于就业指导。

在和来访者讨论家庭支持系统时，我有一种她的家庭关系错位的感觉，即来访者承担了母亲的角色，而母亲扮演的却是女儿的角色。在最初的咨询中我一直尝试让来访者将现阶段的压力尝试和父母沟通，建立支持系统，但是一直未能成功。后来逐渐发现角色已经形成，这种角色的倒置导致了来访者需要独自承担就业的压力。但对于这种压力的承受，来访者没有愤怒，只有在无法排解时表现出一定的委屈情绪。

这个咨询一共进行了 5 次，贯穿来访者求职的整个阶段，包括简历修改、面试建议、时间协调、就业 offer 选择等内容。咨询师能够清晰地感受到来访者的精神状态从第一次咨询的萎靡无力，变为最后咨询时的自信，这种变化令人欣喜。最后，来访者获得了两个 offer（南方某职业咨询公司以及南方某地区邮储银行），也通过了教师资格考试。

考研失利后，学生经常会在尽快就业和"二战"考研之间摇摆。其实大部分学生是具有求职行动能力的，但在恐惧、挫败还有委屈等多重情绪交织下，常常表现出"事情太多，我不知道做什么，也不知道怎么做"的状态。面对这部分学生，咨询师的工作重点要放在疏导情绪和促进行动上，尤其是要帮助学生真正面对失利，释放压抑的情绪。只有完成了这个目标，才能协助其尽快进入求职情景，避免"慢就业"和"被动二战"的现象。

案例3　马上毕业的我该怎么办？

咨询师：张碧倩

一、来访者背景及问题

　　来访者，女，T专业大四学生，考研落榜后缺乏就业动力，但看到同学们都在找工作自己很着急，一方面责怪自己不上进，一方面对于选择就业还是二次考研反复摇摆，所以来寻求咨询建议。

二、咨询过程

（一）建立关系及澄清咨询目标

　　咨询师向来访者介绍了保密原则，并询问了咨询缘由。来访者起初有强烈的情绪波动，交谈后发现，她对于自己没有自律地完成考研计划非常自责，同时现阶段因为没有明确目标所以显得很无措，有强烈的懊悔情绪和倾诉欲望。本次咨询以聆听来访者的倾诉为主，然后在来访者情绪平复后结合陈述内容一起探究其咨询目标。

　　咨询师：今天来是想和我讨论些什么？

来访者：（哭泣）我不知道我该怎么办。我现在已经大四了，但现在还什么都没有做，周围同学都已经有工作或者考上研究生了，每当我看到他们时我就很着急，但我实在没有动力去做什么，一想到毕业我就觉得好可怕。

咨询师：看资料你是准备考研的，是考研落榜了吗？

来访者：我没考上。

咨询师：当时准备考哪个学校呢？

来访者：中国人民大学，但其实我复习到 12 月时就觉得我可能会考不好，所以考完一门之后我就再没去考（哭泣）。

咨询师：复习了那么长时间确实挺不容易的，结果很遗憾。但是你在复习的过程中尽力了，是不是也是一段难得的经历呢？

来访者：我复习并没有尽力（哭泣）。我高中时其实特别自律，能够很好地制订计划然后执行计划，但是上了大学之后我就觉得自己一点都不努力了（哭泣），我觉得我在一点一点地堕落，但是我又没办法像高中那么努力学习。考研的时候我其实也下过决心，但是发现自己打不起精神，没有办法每天坚持自习，我觉得自己好糟糕，太不上进了（哭泣）。在我考研之前我就知道我肯定是考不上了，所以我后面几门科目都没有去考。

咨询师：从你讲你没有去参加后面几门课程考试这件事，我感受到了你的自责。你有和家人沟通过这个事情吗？

来访者：我和我爸说了的。

咨询师：你爸爸怎么说？

来访者：他说不想考就算了，但我知道他还是希望我读研。

咨询师：你的自责是不是也有部分来自对父母期待的愧疚？

来访者：有。

咨询师：那你是不是觉得，如果你考不上研，甚至连工作都找不到，你的父母就不爱你了？

来访者：不会的。

咨询师：那很好呀，至少你确认父母对你的爱和支持是无条件的。那能给我说说你最近在做什么吗？

来访者：我刚参加完答辩，然后就什么都没做了。我看到其他同学都有了工作，我就觉得我自己特别不上进，但我又什么都不想做，也不知道我能做什么。

咨询师：好的，那我明白了，那我们接下来就一起努力，尝试看看能不能制订一个比较合适你的行动计划好吗？

来访者：好的。

（二）澄清阶段目标及制订行动计划

咨询师帮助来访者确定现阶段的规划，并且通过制订明确、细致的目标帮助学生更好地增强就业动力。

咨询师：那我们一起讨论下一阶段的规划，看看能不能通过细致的规划让我们在大学的最后几个月变得更有效率。你现在的近期规划是找到一份工作，还是继续考研？

来访者：我其实还是想考研，但我不知道我会不会又像今年这样。我们学院的本科毕业生也不知道能找到什么样的工作，所以我还是想考研。

咨询师：其实做这个决定之前我们可以逆向思考一下，比如我们可以根据你最想做的工作去思考一下，到底这份工作是不是必须要一个研究生的学历。你最想做的工作是什么？

来访者：不知道。

咨询师：那你周围的亲戚、朋友、同学、老师等，有没有谁的职业是你觉得还不错的。

来访者：没有。

咨询师：那一般准备二次考研的话，是什么时候开始准备呢？

来访者：7月份吧。

咨询师：明白。那你看要不要这样：在7月份之前我们先尝试找下工作，如果没有合适的工作，我们再考研；但万一找到了你心仪的工作，我们就先工作。你看这个方案怎么样？

来访者： 可以。

咨询师： 那你知道求职信息可以从哪些渠道获取吗？

来访者： 不知道。

咨询师： 其实学校就业中心的网站就有很多的企业招聘信息（拿出手机给学生现场展示怎么查看招聘信息）。还有其他的一些网站，比如应届生求职网、智联招聘等网站都可以去获取相关信息。你之前有面试的经历吗？

来访者： 没有。

咨询师： 没关系，那我们就尝试先从来 C 大招聘的企业开始找工作。因为现在离毕业很近了，与招聘高峰期相比，来校的企业数量没有那么多了，所以我建议所有来了的企业咱们可以都去试试，这样一方面可以锻炼你的面试能力，另一方面也给自己多一些的机会去了解更多的岗位。你看怎么样？

来访者： 可以。

咨询师： 那咱们要不就每周见一次面，每周咱们都把所有来了的企业都投了，然后制订下周的计划，并且复盘看看上一周的求职中有哪些问题。老师陪着你一起找工作怎么样？

来访者： 好的（哭泣）。

咨询师： 我看你又哭了，是想到了什么吗？

来访者： 我觉得好多了，觉得没那么可怕了。

咨询师： 好，那我们就一起加油啦。

来访者： 好的。

三、咨询反思

这个案例在考研失利的本科生中具有代表性。考研落榜后，学生会有巨大的挫败感，在咨询过程中，帮助学生在情绪方面进行疏解、减压是开始咨询的第一步。

以往在与同类型的咨询者沟通时，我发现大部分同学是具有求职行动能力的，但由于恐惧、挫败还有委屈等多重情绪交织，来访者常表现出"事情太多，我不知道做什么，也不知道怎么做"的状态。在这个案例中，学生的情绪波动非常大，因此咨询的前半段时间主要用来聆听来访者倾诉，后半段开始通过讨论为来访者制定目标和尽可能详细的行动计划，推动来访者迈出求职的第一步。当来访者感受到自己被接纳后，后续的求职行为就顺理成章了。

考研失利后，学生经常会在开始就业和"二战"考研之间摇摆。但如果能够抓住三月这个"窗口期"，对这部分来访者进行情绪疏导，协助其尽快进入求职情景，就能够在很大程度上缓解"慢就业"的现象。

"考研大军"中有一类情况不容忽视，那就是假性的职业生涯决定者。这类学生看似选择了考研，但其实内心一直停留在选择的节点上，由于恐惧和焦虑不能仔细审视自己的情况和客观处境，被时间一路推入了被动的境地。这类学生是最容易考研失利的，在失利后也最容易着急做出选择，但往往越是着急，决策的进展越是胶着，行动上便越容易出现三分钟热度、目的性不明确或者逃避的情况。

案例 4　未曾真正选择

咨询师：凌小梅

一、个案背景

S 同学，J 专业大四女生。放弃本校保研后选择了考 F 大研究生，结果专业科目考试失利，估分后基本确定自己落榜。该学生目前正在寻找实习机会，浏览了部分专业对口工作后觉得求职难度很大，感觉前路迷茫。

二、咨询过程

（一）澄清问题

S 同学说自己更希望就业，但却没有真正开始求职。每次浏览招聘信息，她的心里总会浮现"J 专业对口岗位不招本科学历的人"的念头，就不敢再进一步行动了。她寄希望于父母的帮助，但面对父母考公务员的劝说和安排，她似乎又心有不甘，虽然觉得父母说的应该也有道理，按照他们的安排来也许也不错。我提醒她想想自己这句话的目的："听起来像是在说服自己。但你为什么需要说服自己?"她静默片刻之后，承认自己其实更想做和专业对口的工作。

"据你了解，和你的专业对口的工作有哪些呢？"面对这个问题，S同学卡壳了，她讲不出自己感兴趣的具体工作岗位或者公司名字，显示出她对职业缺乏探索和了解。

到这里，我感受到S同学对求职充满焦虑和恐惧，在各个选择之间来回摇摆，并没有真正看清楚自己手上的选择究竟有哪些。于是我选择帮她从头梳理，确认了她目前的选择有二战考研和就业两个大方向，而就业方向里又分为考公务员、国企工作、互联网相关的数据统计岗位三个子方向。之后我再一次确认了学生的意愿是倾向于就业。

（二）进一步询问关于就业的想法

S同学说，如果排除一切干扰因素，她最理想的岗位是互联网相关企业的数据统计分析岗，因为互联网企业前景和待遇好，而数据分析类岗位与她的专业对口。我顺势问道："那你最希望去的公司是哪家呢？或者你最近看到的最想去的岗位是什么？"S同学无法说出确切的公司名称，也无法列出近期浏览过的岗位里任意一个符合自己要求的岗位。"你开始求职也有一段时间了，应该也看了不少的岗位信息，为什么会这样呢？"我提出疑问。S同学说，"可能我就是太心慌了，都没有仔细看。"

"为什么会心慌呢？"

"就是很慌啊，最近身边好多同学求职都不顺利。我就很想快点有个着落。但是越着急好像越没进展。"

"你觉得主要困难主要来自哪里呢？"

"本科生竞争力就是不如研究生，大家都这么说。"

随后S同学列举了身边求职受挫的同学案例，感叹今年就业形势很严峻，找工作太不容易了。

此时，我感觉无论和她讨论本科生与研究生的竞争力问题，还是探讨就业形势，都将开始新一轮的矛盾循环。咨询到这里似乎进入了僵持阶段。

（三）询问关于考研的问题

S 同学对于二战考研这个选项表现出了一种回避的态度。咨询开始时她很轻描淡写地提到考研失利，在讨论各种选项的时候，则完全忽略了二战考研的可能性，表现出想尽快就业的意愿，但她却对求职内容几乎没有进行具体的思考和基本的探索。因此，我认为有必要回过头探讨学生考研失利和是否二战的问题。

"虽然之前我们没有聊到，但其实继续考研也算是目前的选项之一。你有考虑过继续考研吗？"

S 同学挣扎一番后，承认其实仍然有点想考研。"我想的是，如果没能找到工作就继续二战。"

"为什么是没找到工作才继续二战呢？如果你确实想考研，直接准备岂不是有更多时间、更大把握吗？"

"其实我之所以想读研究生，还因为和我的专业对口的工作都不要本科生。要做对口的工作的话，我必须提升学历，增强自己的竞争力。"

"这和你要不要立即准备二战有什么关联呢？"

"如果我能直接找到一份专业对口的工作的话，我也就不需要考研究生了。"

"那么你目前找到的最符合你要求的工作岗位是什么呢？"

一阵沉默。"我好像没有看到。我感觉对口的岗位都需要研究生学历。"

"那么你能谈一下目前看到的你想去，但是却要求研究生学历的岗位吗？"

又是一阵沉默。"好像也没有。"

在我的追问下，S 同学意识到自己并不了解用人单位对学历的要求。

"你看，你说想要考研是因为觉得专业对口的工作需要，但事实上你并不确定专业对口工作招聘的要求。从咨询开始到现在，我觉得你始终在回避些什么。会不会是放弃了保研这件事情呢？你怎么看待这件事情，你后悔吗？"

S 同学缓慢地开了口，泪光闪烁。"可能读研也是因为我不想太快进入社会吧。关于放弃保研这件事，我认为已经过去了，毕竟现在也没别的办法了，不如趁着春招赶快找找工作。"

"所以其实你还是有些懊悔的对吗？你会不会觉得，如果当时没有放弃保研的话，现在也就不会这么烦恼了。"

"我现在再后悔又有什么用呢？只能想着之后不要再做出错误的选择了。"

迷茫的原因逐渐清晰了。S 同学觉得自己经不起再次失败，希望能快点找到一个稳妥的选项。然而每思考一个方向，她都发现有一定的风险，因此最终陷入了迷茫。

（四）症结的浮现

通过以上沟通，S 同学终于意识到，自己一直对之前的"决策失误"没有释怀，其实她心里想要继续二战考研，但迫于失败的压力，又觉得应该去求职。因为害怕再次做出错误的决定，焦虑和压迫感让她在两个选择之间来回拉扯，无论就业还是二战，都无法客观地去了解和评析，最终导致她在迷茫中原地停留，不敢向前。

（五）鼓励和安排作业

我充分肯定了学生前来咨询的勇气和已经付出的努力，安慰学生 3 月春招开始之前还有充分的时间思考是否要就业。并给学生布置了 2 个问题作为作业。第一，如果不考虑学历的限制，或者假设自己已经研究生毕业了，最想从事的工作是什么？我让学生去就业网翻看招聘启事，了解本专业学长学姐的就业典型单位之后再回答。第二，继续二战考研这个念头出现时，想到的是哪所学校？什么专业？为什么想要去那里？如果选择二战，对自己来说意味着什么？我们约定期末考试后再进行一次咨询。

约定时间还没到，学生就通过 QQ 联系了我，表示在翻看招聘启事的过程中发现自己希望进入高端咨询业从事分析类的岗位，因此决定要再战一次研究生入学考试。

三、反思与总结

是否考研是学生生涯发展过程中绕不开的一道选择题，影响学生做出决定的因素有很多。但在越来越多的"考研大军"中有一类情况不容忽视，那就是假性的生涯已决定者。这类学生看似在就业和考研中选择了考研，但其实内心一直停留在选择的节点上，由于恐惧和焦虑，他们不能仔细审视自己的客观情况和处境，被时间一路推入了被动的境地。这类学生是最容易考研失利的，在失利后也最着急做出选择，但往往越是着急，决策的进展越是胶着，行动上便越容易出现三分钟热度、目的性不明确或者逃避的情况。本案例中的 S 同学学习成绩良好，拥有保研本校的资格，按理说在面临职业生涯选择时应该有足够的自信支撑她去进行理性的探索和分析。导致她自信不足的深层原因在本次咨询中未作挖掘，但不外乎是社会、学校、家庭对她的综合影响。想要帮助她和其他类似的学生，最重要的是要帮助学生看清自己所处的境地，澄清自己内心的需求，当一切清晰之时，选择自然也就浮现出来了。

咨询过程中，我感受到她十分焦虑，有一种催促行动、略过思考和梳理的倾向，同时她还有极大的失败压力，在这种重压之下，很容易陷入学生所描述的逻辑，不能清晰地选择方向，因而陷于各种可能的损失和不足之中。因此，咨询前期我未能迅速澄清学生的需求，花费了大量时间分析学生对自己的劝说和否定。这也再次证明，咨询师的自我成长的重要性，面对自己的焦虑不能做到承载梳理、抱元守一，也就无法在同理学生之余，帮助学生拨云见日。

准备考研是一个艰苦的过程，在中途改变想法决定求职的学生并不少见，这样的同学往往就业准备不足，无论是心理上还是信息和技能上都缺乏相应的准备，很多同学甚至停滞在职业规划的第一步。对于这样的学生，鼓励他们先动起来，让他们在行动中梳理自己的想法，也许就能呈现出一个更清晰的职业规划。

案例5　就业之路在何方?

咨询师：罗锋

一、案例背景

来访者，某双学位专业大四学生，之前一直在准备考研，最近感觉在考研的准备过程中很吃力，于是想换一个方向，直接找工作。但是对于找什么行业、什么岗位的工作，她比较迷茫，不知从何入手，于是找咨询师咨询。

二、咨询过程

见到来访者时，感觉她非常阳光，逻辑思维也很清晰。我询问了她的来询目的。

来访者：我一直在准备考法学方面的研究生考试，但是在备考过程中，发现考研的动力不是那么足，现在很难再坚持下去。

咨询师：那接下来，你是怎么打算的?

来访者：我准备考研，主要是担心本科毕业找不到好的工作，想通过研究生深造，提高自己的就业竞争力。但是在备考过程中，觉得法学很枯燥，不是自己喜欢的专业，现在想直接找工作，但是在找工作这一块，我很迷茫。

咨询师：那你心中有有意向的行业和岗位了吗？

来访者：我之前在一家律所做过一个短期的实习，目前对律所稍微有一些了解，对其他行业和岗位了解很少，所以我没有太明确的倾向。

咨询师：之前你一直在准备考研，对行业和岗位的了解较少，这是很正常的。目前比较重要的是要做好求职准备，你可以利用假期的时间，丰富一下自己的简历，特别是丰富一下实习经历，在这个过程中，也可以增进你对行业和岗位的认识。

来访者：是的，我自己感觉简历上的内容也比较少。但是关于找实习，我了解到的信息也比较少，不知从何下手。

咨询师：建议可以利用假期时间，找一份实习，目前招聘实习生的企业比较多，很多企业都会从实习生里选拔出优秀的同学提前录用，因此这也是一个好机会！实习的信息在学校就业信息网上就有，可以多关注一下，最近××银行等单位都在招实习生。

来访者：老师觉得我应该找哪个行业的实习会比较好？

咨询师：如果从行业体验的角度，律师事务所你已经实习过了，可以找其他类型的企业；如果从求职的角度，最好找自己未来就业比较倾向的行业实习，效果会更好。当然，还要看你未来的就业地域意向，如果是想回生源地就业，那么在生源地找实习，效果会更好一些。

来访者：我不是太喜欢律所的氛围，所以倾向到企业工作。

咨询师：到企业你还是倾向于做法律相关的工作吗？还是营销、管理类的工作？

来访者：如果到企业，我还是比较倾向于做和法律相关的工作，我现在知道的就是法务岗位，不知是否还有其他岗位？

咨询师：企业中和法律相关的岗位，除了法务岗外，还有风控、合规等岗位，都是和法律相关的，但是也要复合其他学科的知识，比如金融、财务等，这对你来说是你的优势，因为你是法学和金融双学位。当然，除了企业以外，党政机关中的公检法等机构，也需要大量的法律人才，你也可以考虑，但有的岗位会要求求职者通过司法考试。

来访者：好的，老师。我对风控、合规等部门的工作内容不是十分了解。关于公检法等机构，我有过一些了解，但是现在竞争很激烈，要进入这些机构，难度也很大。

咨询师：是的，法学专业就业压力比较大，所以要做好充分的准备，一是确定一个方向，然后找相关行业法律相关岗位的实习；二是利用空余时间准备好公招考试的相关笔试科目，做到未雨绸缪，提高竞争力。

来访者：老师，那我现在找实习找哪个行业会更好一点？

咨询师：在你对其他行业不太了解的情况下，可以根据自己的兴趣，先找一个学校毕业生就业的典型行业去体验一下，在实践的过程中，再去做修正和调整。所以诸如银行、保险、事务所等都是可以的。

来访者：目前来看，银行、保险行业对我来说，都是可以考虑的，老师，我先回去把简历做好，投一下××银行的法务岗位！

咨询师：好的，简历做好发给我看一下，我也可以向××银行的人事经理做一下推荐！

咨询结束。

三、咨询小结

一直在准备考研的学生，就业准备通常在两个方面比较欠缺：一方面是就业技巧上的准备，另一方面是就业倾向上的思考。对于这类学生，最重要的是鼓励他们行动起来，制作求职简历、搜集就业信息、体验和思考行业，只有在行动的过程中，职业规划才会渐渐地清晰，从而进一步提振他们的就业信心和自我效能感。

澄清咨询问题和目标是职业生涯咨询中最基础但也最能体现专业性的部分。学生最初带来的字面问题之下往往隐藏着更多值得挖掘的东西。这并非是来访学生故意设置的障碍，而是他对自己问题的认识程度有限所致。如果他已经完全理解了自己的困惑，也就不再需要通过职业生涯咨询来帮助他解惑。

案例6　被掩盖的问题

咨询师：吴怡然

一、案例背景

　　来访者，女，C 专业大四学生，已经获得一个保底的工作 offer。这个 offer 虽然是专业对口的单位，但她不太满意。另一个机会是一个创业项目，她之前跟着自己的导师做这个项目已经有一段时间了。她很看好这个项目，但也担心创业的风险，不知道是否应该继续创业做项目。

二、咨询过程

　　听完来访者自述，起初我认为她的问题是创业和工作两者之间的选择困难，想为她做一个两者间的优劣势评估。因此，我和她聊起了她对工作和创业两者的看法。

　　咨询师：你刚才提到，你拿到了一个保底的 offer，同时手上还有一个创业的项目，对吗？

　　来访者：是的。去这家公司工作和继续做创业项目，怎么看都是完全不同的两条道路，所以我现在就不太清楚应该选哪一个。

　　咨询师：方便讲一讲现在两边的现状吗？

来访者：现状，其实也没什么特别好说的。我去那家公司实习过一阵子，工作真的很没有意思。我也不是说它不好，其实那也是个好工作，毕竟很稳定，没有太多加班，但就是感觉很没意思。也不是说我不能忍受这种工作或者做不下来吧，只是我觉得可能不太合适。

咨询师：这就是你之前说不满意这份工作的原因？

来访者：是的，我觉得不太合适。

咨询师：好的，这是工作这边的情况，那么创业项目那边情况如何呢？

来访者：这个项目我从大二的时候就开始跟着我们老师在做了！当时一切只有一个设想的雏形，是我和我的导师，以及一些其他的老师、同学一起把这个东西弄出来的，找了很多资料……

之后，来访者滔滔不绝地讲述了很多关于创业项目成型时期的事情，大概10多分钟，大多是关于这个项目的辛苦不易，此处略过不提。

咨询师：听上去很不容易。看来你对这个项目很有热情？

来访者：那是当然，老师，我觉得只有做这个项目才是在做真正有意义的事情。

咨询师：真正有意义的事情？

来访者：是的。我觉得我们平时做的很多事情，很多都不是我们自己真正想做或者应该去做的，所以这些事情都没有意义，因为就算做了也没有价值。但是我们现在做的这个项目不一样，我觉得它是有价值的。

咨询师：具体是什么样的价值呢？

来访者：它能够帮助到和我一样的人。

咨询师：帮助到和你一样的人？

来访者：（沉默了一小会儿后，突然加大了音量）老师你不知道，我其实很讨厌现在学的这个专业！我本来想学的是教育或者心理相关的专业，但家里说不好找工作，加上我高考分数不是特别高，去不了更好的学校，所以家里就让我填了现在这个学校和专业。其实，我特别讨厌这个专业。我也知道现在说这个很不合适，但我的确对现在的专业和学校不满意。我觉得这四年学到的内容有限，每次一想到高考之后来了这里就觉得很难受。

之后，来访者开始诉说四年大学期间的各种不满，内容包括进校时的适应不良，对专业课程没有太大兴趣，自己成绩差，绩点不高，学校组织的活动较多、较杂等方面，诉说大概持续了 15 分钟左右，我尝试去打断她，但没有成功，最终还是她自己冷静下来我们的对话才得以继续。

咨询师：你真的有很多不满的地方呢。

来访者：不好意思，我说得太过了。

咨询师：没关系，愿意说的都可以说。不过听你说了这么多不满的地方，我还是不明白这和你之前提到的创业项目的价值有什么关系？

来访者：我们这个项目就是帮人填报高考志愿的。我已经走到现在这一步，没有办法改变了，但如果能帮还有选择的人做出正确的选择，我觉得这就是价值了，老师你觉得呢？

咨询师：你说你走到现在这一步没有办法改变了，你所认为的没有办法是指什么？

来访者：因为我现在都大四了，做什么都没用了，也不可能退学回去重新参加高考然后选我想要的东西，所以肯定是没有办法了。

咨询师：那你现在跟着你老师做的这个项目，是你想要的东西吗？

来访者：这不一样，应该说这个项目本身不是我想要的吧，但是做这个项目的话，我觉得能感受到一种补偿？就是虽然不是我想要的，但能看到别人在我的帮助下拿到自己想要的，我就会觉得好受一些。

咨询师：所以说，你觉得做这个项目会让你感觉好受一些？

来访者：对，但这并不是这个项目本身的价值所在，只是我选择它的原因。可能我是比较感性的那种，我觉得能够帮助他人的东西就是有价值的，就是值得我去付出的。我觉得这一点是没有错的。（说完后来访者盯着我看了一会儿）

咨询师：我大概明白你为什么对这个创业项目的热情了，不过我想问问，之前你说你还拿了一个 offer，也有在实习，这又是出于什么考虑去做的呢？

来访者：（有点不好意思）老师，这其实是因为带我参加项目的老师和我说，创业有风险，我还年轻，最好给自己准备一条退路。我觉得老师是个好人，所以她说了我就做一做，这样可能她也会比较放心一些吧。

咨询师：原来是这样。那么你自己的想法呢？

来访者：（有点犹豫）我自己的话……

咨询师：对，你自己。完全抛开你老师的希望或者要求，你个人对工作和实习的看法是怎样的？

来访者：我根本就不想去这个工作，和我的专业一样，没意思。

咨询师：那你为什么说不知道自己该怎么选择呢？这不是已经做出了选择吗？

来访者：但毕竟创业还是有风险吧？之前老师是这么和我说的，我不是很清楚，但是想到有风险心里还是有点不安，所以还是觉得来咨询一下比较好，老师你觉得呢？

咨询师：创业确实有风险，这一点你老师说得对。那么现在你想和我讨论关于创业风险的问题吗？

来访者：是的。

咨询师：好的，刚才我听到你说觉得心里有点不安，能不能先说说让你不安的点是什么？

来访者：老师说有风险，我觉得老师说得很有道理。我也听别人说过创业是很有风险的事情，所以我觉得不安。

咨询师：具体是哪些风险让你觉得不安？

来访者：（沉默了一会儿）主要还是怕失败吧。创业的项目没有什么保证，说不定哪天项目就没了。

咨询师：那么，你觉得哪些问题可能导致项目失败？

来访者：其实我没有想过这个问题，都是听别人说的。

咨询师：那你听到别人说了些什么？

来访者：不管怎样项目还是要赚钱才能做下去吧。所以如果赚不到钱，或者没有人投资，项目就会失败，就没有办法继续下去。大概就是这一类的事情。

咨询师：那关于这一类的事情，你现在做的项目是什么情况呢？能赚到钱吗？有投资吗？

来访者：（开始抖腿）收入和投资这些都是老师和她那边的人在负责，我没有参与所以不知道具体的情况。但是我们做的这个项目其实需求和市场是很大的，它有价值。现在帮人填报志愿我听说在市场上很火，我们做的其实就是类似的东西，它的价值总是会有体现的，老师你觉得呢？

咨询师：我没有了解过这一块的市场。如果它现在很火的话，你们是唯一在做这件事情的人吗？或者做的人其实很多，你们只是其中之一呢？

来访者：应该只是其中之一。但我们和其他那些只为了赚钱的公司和机构不一样，我们这个项目是为了真正帮助到那些和我一样的人。

咨询师：具体这个不一样的地方是怎么体现的呢？

来访者：……（沉默，没有回答）

咨询师：刚才我还听你说，你没有参与收入和投资之类的事情，那你在项目里参与的是哪一部分呢？

来访者：（开始抖腿）我就是帮着老师完善这个项目。比如需要什么课程，或者需要什么资料，我就去收集和整理。

咨询师：嗯，还有吗？

来访者：还有就是我要联系其他人，给他们写邮件说明项目进度和现在要做的事情等。

咨询师：是你来把握这个进度然后告诉其他人做什么吗？

来访者：不，是老师他们讨论出来的结果，我帮忙传达和安排。

咨询师：好的，还有吗？

来访者：（想了一下）大概就这些吧。

咨询师：所以你在项目里主要是做一些资料的收集整理和人员联络方面的事情，对吗？

来访者：是的。我知道这些听上去都是打杂的工作，但因为这个事情本身很有意义，所以我觉得普通的参与也是很有价值的，毕竟它可以推进这种有意义的事情顺利进行，对吧？（盯着我看了一会）

咨询师：那你对整体项目了解多少呢？比如它是怎么运作起来的，营收方面现状如何，项目的核心技术和产品是什么情况等方面你了解多少？

来访者：（沉默了一会儿）老师，这些我没有考虑过，之前都是跟着我老师在弄。我就是很看好这个项目，但我不是很了解刚才你所提到的项目运作现状和具体的产品情况，这些都是老师在做，只是老师需要什么我就帮她做什么。

我继续与这位来访者探讨了一些关于创业应该具备的条件，但她给不出任何对"创业"这件事情的理解，只是不断强调他们现在的项目"有价值"，所以"应该没有问题"。我本希望与来访者再谈谈她之前表示不想去的那份工作，或者谈谈她对专业的不满，但一个小时的时间很快过去，我们讨论完创业相关的问题后，就结束了这次咨询。

三、反思与总结

在这个案例中，来访者向我提出的问题和我们在对话中她实际展现的问题是完全不同的。

从我们的对话中我感受到她自诉的关于目前选择的问题没有对她造成困扰，她的倾向非常明显，所想所谈，都是继续跟进创业项目的事情，她自己也承认根本不想去工作。咨询中这位来访者谈论了她创业项目的诸多宏大愿景和远大蓝图，同时反复询问了我数次是否认为她的项目"有价值"，这一点在我们的对话中显得非常突兀。

多数时候我没有给她明确的答案，仅仅尝试和她讨论关于项目的实际情况。而每当我这么做，她就会显得非常焦虑，拒绝正面回复问题，甚至拒绝停下来稍微思考一下，反复不断强调她的项目是"有价值"的，并直接或间接地询问我是否认可她的观点。我认为，这一方面说明她难以充分认定自己行为的"价值"，亟须他人的认可来支撑行为的价值感；另一方面说明她可能从未认识过这个创业项目的全貌，也没考虑过她在项目中的责任与位置，因此她与真实的项目之间没有太大关联，眼光和认知都只停留在她所认同的"价值"层面，无法（或是不愿意）更进一步探讨其他问题。

这位来访者在对话中展现的真正问题，或许是她始终没有从过去的失败中走出来。她所谓的"选择"更多是对过去失败经历的抵触和抗拒，而非对未来审慎的考量和规划。她将自己沉浸于失败的事实掩盖在一个高尚的目标和理由之下，用"价值"来麻痹自己，不去面对自己真正的问题，最终形成了现在这样恶性循环的局面。

如果要解决她的问题，我认为更重要的是帮助她从过去的失败之中走出来，面对自己的真实感受，才能最终明确认知到自己的现状，进而做出更合理、更能真正被自己所接纳的选择。可惜的是短短一个小时之内我无法深入地和她探讨这个问题，因此并未进行相关的引导和梳理。

在关于意义和价值的咨询辅导中，其关键不是拿着一套工具去让来访者排序和选择，而是引导来访者思考，促成行动。咨询师既要解决来访者当下的困惑，又要帮助来访者构建更好的未来。

案例7　关于选择的意义和价值

咨询师：张太富

一、案例背景

来访者，J专业大四学生，咨询的问题是关于探寻自己选择的价值和意义，以及如何做选择。

二、咨询过程

咨询师：你预约我的咨询想解决什么问题呢？

来访者：老师，我大四保研后，进行了两次时间很长的实习，每次时间都超过了3个月。这两次实习都在券商，一次是在投行部协助做IPO，另一次是作为助理协助做行业研究。两次实习给我的感觉是财务金融类岗位都差不多，每天都在加班，我觉得这不是我想要的，觉得自己很累。

咨询师：首先我要对你之前的实习经历表示肯定，这两段实习经历都很棒。其次，你有没有思考过，你想要的是什么？

来访者：老师，其实从高中开始，我就一直思考自己活着是为了什么，有时候思考多了，会让自己觉得很恐惧，觉得自己做的事情都是为了资本奋斗，没有价值和意义。

咨询师：你对价值和意义怎么理解呢？

来访者：我也不是很说得上来，就觉得没有奔头，做这些事情没有动力，提不起劲头，觉得没有意义，不知道做这些事情是为了什么。

咨询师：首先，我很欣赏你能这样思考，能意识到自己要去解决一些困惑。关于意义和价值，我来谈谈我的理解。我们常常谈到两个词，一个是"人生目标"，一个是"人生目的"。你如何理解这两个词呢？

来访者：（思考）人生目标是我们做的具体事情，人生目的是做这件事情的目的是什么。

咨询师：很好的理解，人生目的是我们做出选择，设定和实现一系列目标的价值和意义。当我们觉得做一些具体事情心里不安的时候，可能就是这些事触及了我们内心深处对人生价值和意义的思考。

来访者：是的，在实习的过程中，我心里总是不安定。一直在怀疑自己一天到晚忙那些事情，究竟是为了什么，并且越思考越恐慌。

咨询师：我能体会到你的感受。我们对很多事情的评判，包括各种社会规则和法律的制定，反映了人类对安全的追求，这也是一种对价值和意义的追求。例如，我们制定一个规则是为了倡导什么、追求什么、保护什么，是我们自己建构出来、自己赋予的价值和追求。

来访者：我有点明白了，我内心的不安和恐慌，实质上是因为我没有找到自己要努力的价值和意义。那问题是，如何去找到呢？

咨询师：我们要学会赋予所做的事情一定的价值和意义。就如我们正在进行的咨询，可能别人会认为这毫无意义，是在浪费时间和生命，但我认为我们今天的咨询和交流，只要能对你有所启发和帮助，就是有意义和价值的。同样，当我们拿着一叠宣传单在学生街分发，向陌生人介绍我们的活动是干什么的，并邀请陌生人来参加我们的活动时，发现自己的勇气又提升了一点，自己也敢于向陌生人开口了，这件事就是很有意义和价值的。因此，我们要学会去寻找人生的目的和意义的所在，要学会为所做的事情建构和赋予一定的价值和意义，这件事情、这个职业、这个选择能给我带来什么，我从中能得到什么。同时，这些价值和意义应该是符合社会价值和社会期待的，属于"我们能为这个世界，为这个社会做些什么"的范畴，最终要能够实现个人利益、个人意义、个人价值与社会利益、社会意义、社会价值的统一。

来访者：我大概明白了。我们应该学会赋予自己的选择和所做的事情意义和价值，同时也要兼顾个人与社会利益。那么在面临选择的时候，我该如何去抉择呢？

咨询师：面临选择时，不能"既要又要还想要"。刚刚你谈到自己貌似是"为了资本而努力"。这中间除了赋予这件事意义和价值外，还得思考，你究竟更想要什么？什么对你更重要？你想要的是舒适的环境、高额的薪酬、还是好的发展前景？如果你既想追求舒适轻松，不想付出太多，又想要超高的经济回报和收入，还想要很好的发展前景和晋升空间，那可能你需要问问自己，这世界上是否有这么好的事情呢？

来访者：（思考）确实是啊。不想付出又想得到高回报，我家里可没有矿。

咨询师：（笑）对的，就像一个女孩子在寻觅自己的另外一半时，要求对方要长得高，长得帅，要多金，要有才华，要人品好，要有责任感，能做菜做饭，有很好的职业发展，还能在今后照顾好家庭。你觉得，能找到这样的人吗？

来访者：这世界哪会有这样的人哦。

咨询师：所以，这个女孩可能得思考，她最看重的特质是什么，只要能满足到某些特质就可以了，比如人品要好，对自己要好，上进，但不可能什么都要满足。因此，我们在做选择时候，需要在若干约束中去寻求妥协和平衡。如果不愿承受工作的压力，那就要接受平淡的生活，接受经济上可能的不宽裕，或者发展上的原地踏步。

来访者：老师，我明白了。就是在做选择的时候需要去平衡和妥协，选择自己觉得最有意义和价值的。

三、咨询反思

彼得·布里斯基认为"咨询是两个人一起为了其中一个人探索并寻找意义的过程"。关于价值和意义的探讨在职业生涯咨询中常常会遇到，这是在职业生涯发展中找到前行动力的关键。但是，对价值和意义的探讨往往难以着手，难以寻找到能让来访者有感悟的点。如何在咨询中引发来访者的自我发现、思考和顿悟，让他们产生行动的动力，去寻找幸福或有意义的支点，以及如何让来访者在各种选择中懂得取舍和妥协，寻求到个人需求和社会期待的某种平衡，是我作为咨询师需要去努力的方向。

在关于意义和价值的咨询辅导中，其关键不是拿着一套工具让来访者排序和选择，而是引导来访者思考，促成其行动。咨询师既要解决来访者当下的困惑，又要帮助来访者构建更好的未来。

全新起点

追梦更进一步

第四章　全新起点，理想照进现实

本章导读

　　研一，一个新的学习阶段开始，一切似乎应该是满怀信心、充满希望的。然而，求职困惑并不会随着学历的提升而消退，职业规划的烦恼在研究生阶段仍然存在。随着学历提升，学生的求职期待也相应提高了，职业规划困惑和求职的焦虑反而更加明显。

　　研一阶段的求职问题往往并不是针对眼前，而是对下一步求职准备的担忧。有的同学纠结自己本科学校知名度不高，有的同学自我评价过低，有的同学受困于对职业的片面认识甚至是错误认知，有的同学在实习过程中遭遇失意烦恼，还有的同学对当前学习生活安排不尽满意……这些问题反映了研究生生活的真实状况。尤其是专业硕士由于学制短，毕业求职很快临近，因此专业硕士生的困惑、焦虑情绪更为明显。

　　尽管每个人的问题不同，但职业生涯咨询能够有针对性地帮助来访者。在一对一的深入探讨中，咨询师与学生一起聚焦困惑，抽丝剥茧地剖析深层次诱因；在职业生涯理论支持和职业信息分享下，唤醒学生应对问题的内在动力，帮助他打通从问题困惑者到问题解决者的思维路径，从而有效促进学生积极行动，开启新的生活篇章。

职业生涯咨询能让来访者从更广阔、更多元的视角中看待自己的优缺点，而不是陷在自卑的盲区中无法自拔，自怨自艾。只有正视现实，才能在现有基础上尽可能地挖掘自己更多的优势，找到适合自己的方向，继而为之锲而不舍地努力。

案例1　第一学历不好的我该怎么办？

咨询师：吴龙霞

一、案例背景

　　来访者，男，J专业硕士一年级学生。本科就读于某二本院校。

　　咨询问题：不知道自己未来能做什么工作，现在该做什么准备，想考选调生，但不知道自己是否适合，以及该为考试做什么样的努力。

二、咨询过程

　　（来访者拘谨内敛，显得极不自信，属于典型的理工男。）

　　来访者：老师，我本科不是本校的，而是一个不知名的二本学校。周围的同学好像都踌躇满志，每天忙忙碌碌，感觉大家都好优秀呀。看到大家都自信满满的样子，我觉得自己特别不自信，也不知道自己未来能从事什么样的工作。

　　咨询师：先说一下你专业的整体就业情况吧。J专业是我们学校最好就业的专业之一。在大数据时代，你们的专业正逢其时，很多用人单位都需要这个专业的人才。政府部门、互联网行业、金融类行业、计算机应用行业都有相关的工作岗位。尤其是你们专业的研究生，在就业市场上特别抢手。

来访者：（羞赧一笑）可是老师，我本科的学校特别一般，据说现在找工作都要参考本科学校。

咨询师：本科没有考进 985、211 高校，只能说明你在高中阶段的学习状态和学习能力，并不代表你现在的真实能力。高考的成绩，有可能和当时的学习方法、学习状态，以及各省高考竞争的激烈程度有关，并不完全取决于你个人的真实水平。你看，你本科进了一个不起眼的学校，考研起点要比 C 大本科的学生低，但是在不同的起跑线上你却以和他们相当的成绩考了进来，这说明你在本科期间的学习能力较之他们是更强的呀！你觉得自己差在哪里呢？更何况，你本科学的也是这个专业，专业基本知识你应该是掌握得非常扎实的，你有什么好担心的呢？

来访者：我觉得自己性格内向，没有周围同学那么活跃，不知道自己将来适合做什么样的工作？

咨询师：J 专业的学生需要具备仔细、严谨、认真、稳妥的品质，不需要夸夸其谈、热情开朗，你又不是市场营销专业的同学，毕业后要去做销售。能不能说一下，周围的同学、好友平时是怎么看待和评价你的呢？

来访者：他们认为我踏实稳重，交代给我办理的事情都特别放心，他们聚餐的时候都喜欢喊上我一起去。

咨询师：你看，你有你的优势，只需要结合自己的优势寻找适合自己的工作岗位就可以了呀。

来访者：老师，我想考选调生，不知道适不适合，或者还有其他哪些行业和岗位适合我呢？

咨询师：选调生也属于公务员序列，其中也有很多部门需要 J 专业的人才，你可以报考。但是如果想考选调生的话，你最好是党员，而且在校就读期间有一些学生干部的任职经历。退一步讲，如果想找其他稳定一点的体制内工作，你也可以考虑普通公务员和事业单位的岗位，比如说统计局、经济或管理部门中从事统计调查、统计信息管理、数量分析等。

来访者：老师，那我现在需要做些什么样的准备呢？

咨询师：专硕的学习，时间特别紧张，你们只有两年的学习时间，不过你本科也是这个专业，专业能力应该没有问题，除了研究生期间的专业学习外，你还需要多找一些实习的机会，一是可以锻炼一下自己的实际工作能力，二是也可以帮助自己确认一下自己到底对什么样的行业和岗位感兴趣，到底适合在什么领域发展。

来访者：老师，我从哪里可以获取实习单位的信息呢？

咨询师：我们学校就业中心官网和官方微信公众号上都会有相关信息的推送，你要及时关注；另外，你可以多和老师参加一些项目，在完成项目的过程中发现和培养自己的专业能力，同时也能从导师那里获得一些实习或者就业的机会和信息，已经毕业的师兄师姐有相关的岗位需求信息也可以通过导师和辅导员老师传达给你。你周围那么多的好友也是能为你提供实习和就业信息的渠道之一，关键是你要主动告诉别人你有这个需求。

来访者：（点了点头）谢谢老师，我知道该怎么做了。

三、咨询反思

该学生代表了专硕一年级咨询同学的普遍情况，由于看到就业市场竞争激烈，求职过程内卷，他们对未来较缺乏信心。同时，由于第一学历学校不够好，对自己的能力存在怀疑，对未来又平添了一层担心。学生的担忧不是无源之水，他们一定是遭遇某种现实的打击才会出现这种忧虑。这类同学首先应该正视现实，然后在现有基础上尽可能地挖掘自己更多的优势，找到自己适合的方向，并为之锲而不舍地去努力。

职业生涯咨询能让来访者从更广阔、更多元的视角中看待自己的优缺点，而不是陷在自卑的盲区中无法自拔，自怨自艾。现实信息和具体方法的提供，则能够让他们对未来的方向有一点点的感知，知道当下该从哪些方面着手准备。只要能行动起来，就不会在焦灼中徒劳地担心未来，以至于没有办法投入到当下的学习当中。同时，还需要传递给学生这样一种信念：艰难的现状是事实，但不会是一成不变的。在循环往复中，一切事物都生生不息，正如经济周期也会经历波谷波峰之变，我们当下能做的就是定得下心、稳得住神，韬光养晦，静待时机。

咨询师并不能直接帮助来访者解决或者消除在成长过程中已经遇到的困难，但是从提高来访者自身的内在自助力量入手，咨询师可以帮助来访者塑造出更积极的心态，让来访者有信心和勇气去面对遭遇的一切，这比直接给出求职指导建议更重要。

案例 2　我为什么找不到实习？

咨询师：李艳

一、案例背景

来访者，女，F 专业研一学生。

咨询问题：为什么我在寻找实习岗位的过程中总被拒绝？我不知道自己的求职优势是什么，对未来的求职之路看不到希望。

二、咨询过程

咨询师：是什么原因促使你来做咨询的呢？

来访者：我从五月初开始就一直在找实习，投递了近十家企业，都以失败告终。到目前为止还没有收到一份实习 offer，我很不甘心，自信心受到了很大的打击，也对自己很失望。于是我开始怀疑自己的能力，对下学期即将到来的毕业求职充满了焦虑和恐惧，甚至现在都可以想到下学期即将到来的求职一定也会遭遇类似的失败。

咨询师：我特别能理解你现在的这种心情。在咨询中我遇到过很多与你经历类似的同学，他们也是因为在找实习或求职的过程中屡次失败，从而对自己的能力产生怀疑，对自己的未来失去了信心。

来访者：我还以为只有我自己会有这样屡次被拒绝的经历呢！我的室友和我一起开始找暑期实习机会，但她现在已经收到了两家大企业的实习 offer。我觉得自己在家庭、外貌、能力等方面都比不上室友，这些都让我感到深深的自卑。

咨询师：听起来你对室友的评价很高，对自己的评价却很低。那你有没有问过室友或其他关系好的同学、朋友他们对你的评价是怎样的呢？

来访者：我之前有问过个别朋友这个问题，他们对我一致的评价都是踏实、认真、负责、可靠，他们很愿意和我一起做事，觉得只要把事情交给我做就会很放心。

咨询师：那你怎么看待他们对你的评价呢？

来访者：我并不这样认为，我没有他们说的这么好。但事实上确实是每次的小组作业，他们都很愿意和我在同一个组。另外，我还觉得每个人的评价标准也不一样，他们的评价标准可能都不是很高吧。

咨询师：那是不是你的内心对自己有一个较高的期待，但自己又没有达到，所以就对现在的自己会有一些不满意呢？

来访者：是的，我从小到大学习成绩都很好，而且我也是我们家族中学历最高的，我可能确实对自己的要求和期待都比较高。

咨询师：那曾经的成长经历中有没有达到自己的期待，而且让自己也会感受到比较有成就感的事情呢？

来访者：（思考了几分钟）老师，我想到了一件小时候的事情。那时我还不到 10 岁，我们家住在贵州的一个小山村，父母白天在外打工，晚上很晚才回家。我白天去学校上学，放学回家后就会去我自己种的菜地里摘菜，并把饭菜做好，等着爸爸妈妈回家吃饭。那时我都是自己照顾自己，我觉得那时的自己很能干，也很单纯。虽然比同龄人辛苦，但我自己很开心，有成就感和价值感，我记得那时特别相信老师说的一句话，"种瓜得瓜、种豆得豆"。

咨询师：现在的你会怎么去评价或看待小时候的自己呢？

来访者：我觉得小时候的自己是一个独立、坚强的小女孩，就算遇到困难或挫折也会保持积极乐观的心态。

咨询师：那我们想象一下，如果小时候的那个小女孩面对现在长大后的这个女孩所面临的困难会说些什么呢？

来访者：可能会说多坚持一下，开心一点，不要想那么多，你也有很多优点，相信你一定可以跨过去的。

咨询师：我也相信小时候那个小女孩的那些特质是一直伴随着你的，所以你才来到了 C 大攻读研究生。目前的困难只是暂时的，你一定可以找到自己内在的力量去克服。

来访者：老师，我突然想到了自己还有一件挺有成就感的事情。在疫情期间，我在一个亲戚家过寒假，那个亲戚住在一个小县城，我和姐姐想去外面上自习看书，但是找不到合适的地方，后来我想到了一个主意，创建一个共享自习室，这样就能满足一些与我和姐姐有同样需求的人，姐姐和她的同学们也觉得我这个想法很好，然后我们就一起行动了。这个项目基本都是我牵头做起来的，现在那个共享自习室依旧还运转得挺好的。一想到这些事情，我就觉得现在的自己也并不是那么不好，我也有很多优点，只是一直被我忽略了，同时对下学期的求职也有了一定的信心。

接下来，我和来访者一起回顾了最近几次找实习工作的具体细节，与她一起探讨了求职需要的一些相关技能，并和她一起分析她自己的职业价值观和求职能力优势等。

三、咨询反思

在本案例中，来访者寻找实习工作遭受挫折，自信心受到打击，对自己产生了一些消极的评价，以至于对未来的求职之路都失去了信心，而她所遇到的这些困扰并不是个例，而是大多数学生在求职过程中都会经历的体验。

在咨询中，咨询师通过他人的评价以及来访者回顾成长经历中的成就事件，一步一步引导来访者看到自己的内在特质与优势，增加其自信心，激活来访者的内在力量。

这个案例中，从提高来访者自身的内在自助力量入手，可能比直接给出求职指导建议更重要。咨询师并不能直接帮助来访者解决或者消除她在成长过程中已经遇到的困难，但咨询师可以帮助她塑造出更积极的心态，让她有信心和勇气去面对遭遇的一切。

对现实职业世界的探索是做好就业准备的第一步，但学生常常依赖周围有限的环境进行信息获取，对于行业的工作内容、求职要求等容易产生刻板印象。只有推动学生进行就业世界的探索，才能破除就业困难臆想，建立就业信心。

案例3 职业兴趣和专业方向不统一，我该怎么选？

咨询师：张碧倩

一、案例背景

来访者，女，B专业硕士一年级学生，本科就读金融类专业。经过一年的研究生学习，该同学认为B专业限制了她的就业方向，希望了解如何应对专业和就业目标不匹配的问题。

二、咨询过程

（一）建立关系及澄清咨询目标

咨询师：同学你好，我看到你的预约问题是就业兴趣和专业方向不统一，感到很困扰，能介绍一下具体的情况吗？

来访者：好的老师。我本科学的是金融学，对金融类的知识比较感兴趣，但是考研的时候为了考上C大，就选了相对容易考上的B专业。但开始上专业课后，我发现我对B专业完全不感兴趣，对就业也很担心，我不想从事保险方面的工作，我不知道该怎么办……（来访者开始呈现出担忧和低落的情绪）

咨询师：刚开始新领域的专业学习，确实会有点茫然和困难。你是怎么了解到学B专业就是要从事保险方面的工作呢？

来访者：我家里人这么说的。我父母觉得我选这个专业有点草率，我知道 B 专业有精算之类的"高端"工作，但是我不擅长也不喜欢这种精密计算的工作。

咨询师： 那你喜欢的工作是什么呀？能和我说说吗？

来访者： 我喜欢和人打交道的工作，比如券商和投行的工作或者资管类的岗位等。

咨询师： 那很好呀，知道自己的就业兴趣就是良好的开端。

来访者： 但我的专业不是金融呀，我没有办法去申请投行、资管的实习或者工作，我好后悔……（来访者再次陷入哀伤的情绪），现在我感觉就业方面的压力特别大，都是因为我选了这个专业。

咨询师： 你是如何得出 B 专业没办法申请券商等工作的结论的呢？

来访者： 不是这样吗？我周围的同学都这么说。

咨询师： 其实 B 专业是金融学科大类的一个重要分支，你所说的无法到金融行业工作，我觉得和现实的就业世界不太一致。你刚才提到感兴趣的是券商、投行的工作或者资管类的岗位，你有没有查过相应的岗位要求呢？

来访者： 没有查过，我目前是听学长学姐讲的。

咨询师： 以我的经验判断，你感兴趣的这类岗位对于专业方向的要求一般都是金融类相关专业即可，B 专业是金融学科的一个分支，肯定是在金融相关专业的范围内的。听了你的问题，我产生了一个疑问，困扰你无法找到喜欢工作的原因，到底是专业造成的，还是因为你对就业市场没有足够的了解，因而产生了恐惧感，并把这个恐惧推脱给了专业呢？

来访者：（沉默进入思考）确实我目前不太清楚这些岗位的要求，还没有去看过。

（二）澄清阶段目标及制定行动计划

咨询师： 我建议你用一些时间先了解一下外部就业市场是什么样的，你感兴趣的岗位是做什么的？这些岗位对应届生的学业要求、学历要求、素质要求以及技能要求都是什么样的？我建议你用"职业世界探索表格"的形式去完成这个探索（咨询师展示"职业世界探索表格"）。

来访者：好的，老师。

咨询师：我相信，在填写这张表格的过程中，你会对自己感兴趣的职业和专业方向有新的认识。同时，我建议你带着三个问题去探索：一是仔细了解企业发布的岗位职责后思考，真实的岗位职责和你想象的有兴趣职业一样吗？二是除了之前你发现的感兴趣的职业，还对其他的岗位产生兴趣吗？三是有特定招 B 专业的岗位吗？这些岗位是做什么的？你感兴趣吗？

来访者：谢谢老师，我会仔细去了解并完成外部世界探索的。

咨询师：非常好。希望你通过第一阶段的探索，能够找到几个你感兴趣的岗位，并在此基础上，开始有目标地进行就业准备，比如简历、面试、自我介绍等。我相信当你真正开始着手就业准备工作后，就业安全感就会强很多。

来访者：谢谢老师。

三、咨询反思

这个案例是研究生低年级学生就业困惑的代表性问题。由于对就业市场了解不充分，学生无法准确掌握真实的企业用人标准，常会因此变得不自信，并且将自己想象的劣势作为求职困难的归因。类似的问题包括"我没做过学生干部，所以我找不到工作""我学习成绩没有名列前茅，所以我找不到工作""我是女生，所以我找不到工作"等。咨询师需要在咨询中推动学生了解现实就业世界，破除就业困难想象，帮助学生建立就业信心。

咨询师在和来访者讨论的过程中，通过澄清问题，了解到学生真实的困难是不了解就业市场。因此，借助职业世界探索表格，引导学生通过信息搜集，改变刻板印象，建立自信，并为下一阶段的就业准备工作打好基础。

有时候，来访者并不了解困扰自己的真正问题是什么，受焦虑情绪影响，就容易泛化一些不太真实的感受。会影响来访者对真实问题的判断。这时，咨询师要善于引导来访者看到自己的认知误区，调整其既有认知，澄清其当下的感受。

案例 4　我该继续实习吗？

咨询师：邹涛

一、案例背景

小姚，女，F 专业专硕一年级学生，本科非本校。

咨询问题：我应该继续实习还是回来准备 CPA 考试？

二、咨询过程

咨询师：是什么原因促使你今天来咨询的？

来访者：我在一个中小型券商公司实习，有一个留用的机会。我 4 月在那里实习，原定一个月后回来学校。现在对方让我暑期再过去实习，但我现在还想准备 CPA 考试，而且我想去银行工作，所以还要花很多精力去准备 CPA 和银行入职考试。如果暑假去证券公司实习的话，就肯定得放弃点什么，比如 CPA 或者银行入职考试准备等。但我觉得进投行也是一个好机会，同时又担心相比投行的工作要求而言，我太单纯了，不能适应投行的工作，我觉得自己能力不够，主要是职场的人情世故太复杂，怕自己应付不了，所以现在很纠结。

咨询师：能具体谈谈吗？

来访者：我感觉自己想得比较简单，就怕进了证券这样的行业，可能被利用。

咨询师：你说的"被利用"具体指什么呢？

来访者：有个师兄跟我在一个部门，前段时间他让我给老总修改健康码。我觉得怎么可以这样做呢？这样做很危险！最后这件事我没做。这跟我的道德观念相违背，我觉得可能将来我进的金融行业就会是这样子，鱼龙混杂。

咨询师：感觉改健康码这件事，让你对证券行业的工作氛围和行业操守产生了一些怀疑和担心，你担心会被要求做一些违反自己道德底线的事。

来访者：是的。

咨询师：以我的认知而言，证券公司它有上级部门和法律约束，有严格的行业规范，如果要进行违规操作，并不会像改健康码这么简单。你怎么看？

来访者：那倒是，从业务来说，证券公司还是会按国家的规则要求来做。可能我有点想太多了。

咨询师：从你刚才的描述，我感觉要不要再花时间去证券公司实习让你挺困扰。去了，可能会担心没时间复习 CPA 和银行入职考试，那不去会感觉怎样？

来访者：如果不去，会后悔啊！那边有个师兄，他也是我校毕业的，也是专硕。他就一直鼓励我，一直让我争取，说这是机会！但我如果选择去那边实习，肯定会影响我后面的一些安排，所以很纠结。

咨询师：你说你师兄给你说这是一个机会，具体是什么样的机会呢？

来访者：他跟我说，这个团队明确要招人。就算我不想留在现在的团队，他也可以把我推荐到其他团队。而且他说，七八月份实习结束后，9 月份就会进行部门答辩，如果部门同意要我，我就会被推荐到公司，再参加公司组织的答辩、笔试、面试。但公司笔试、面试要到 12 月份或者明年年初，我觉得这个好难。

咨询师："难"是觉得这个时间拖得长吗？

来访者：不是，是要正式入职很难。

咨询师：是觉得这种层层选拔的考核方式，让你觉得压力很大吗？

来访者：是的。我觉得自己能力不够，而且人际关系又这么复杂，觉得自己很难适应。

咨询师：如果公司通知你被录用了，你会感觉怎样？

来访者：我会觉得非常意外和惊喜。

咨询师：那你具体对哪些方面会感觉到惊喜呢？

来访者：就觉得自己能力这么差，居然还要我！我的学历在实习生里是最低的。

咨询师：这个惊喜里面好像包含着料想不到的事情居然发生了，让你有点意外？

来访者：是的。但如果证券公司愿意要我，我还是想去。

咨询师：嗯，想进去，但担心自己的能力不能达到证券公司录用的要求？但如果你现在就放弃实习，就相当于完全放弃了留用机会。

来访者：是的。所以我很纠结，但如果我花了时间去实习，也未必能留用，还会影响找其他工作的机会。

咨询师：好，那我们一起来看一下去和不去两个选择之间各自的利弊分别是什么。

来访者：好的。

咨询师：现在你面临着两个选择：一是继续去证券公司实习；二是放弃实习，回来准备 CPA 和银行入职考试。两个选择各自的利弊，请你分别罗列在纸上。

15 分钟后，来访者列出了两个选择的利与弊，咨询师利用决策平衡单方法，让来访者给每个选项赋予权重并打分。结合所得分数，咨询师与来访者就每个"利弊"及分数进行了进一步的探讨，帮助来访者澄清了自己的真实需要，并最终帮助来访者做出了较为适合她当下需要的选择。

三、咨询反思

来访者在咨询初期很焦虑，说了很多与问题无关的内容，咨询师稍不留神就容易被带偏。这在职业生涯咨询中是很常见的事情。所幸在处理过程中，咨询师能贴着来访者的感受，比较集中地围绕主线来提问，最终清晰地呈现出问题并找到解决的思路。

咨询结束后，学生对自己当下想去证券公司的真实需要有了更清晰的认知，同时对于职业期待和自己实际能力之间的差距，以及对于自己去实习还是不去实习的选择之间的利弊有了更为清晰的认识。在认知清晰之后，学生也就有了行动的信心。

有时候，来访者并不了解困扰自己的真正问题是什么，咨询时的描述总是含糊其词，说一些看似离题较远的话题。这时，咨询师要保持清晰的洞察力和敏锐的觉察力，从来访者零散的描述中，把握住问题的基本方向，这样才能不被来访者表面的话语迷惑。同时，焦虑的情绪往往容易让来访者泛化一些不好的感受，这些感受未必真实。这时，咨询师要善于引导来访者看到自己的认知误区，帮助其调整既有认知，澄清当下的感受。

在研一学生的实习困惑中，信心不足是常见的议题。表面上是要不要去实习，但实质是学生对自己心仪的选项信心不足，害怕失败。而同辈压力会加剧这种担忧，加重其对失败的恐惧和焦虑。当这种担忧达到一定程度，他就可能迷失在寻找各种失败补救方案和保底计划中。

案例5　研一该去实习吗？

咨询师：凌小梅

一、案例背景

小刘，女，J专业专硕一年级学生，本科来自某双非院校。咨询的问题是不知道现在是否应该去实习。

二、咨询过程

刚开始咨询时小刘显得特别紧张、焦虑，坐姿紧绷，双腿交叠，呈现出一种防御的姿态，同时说话语速很快，内容杂乱。她提到目前身边已经有很多同学去实习了，对此她感到很着急，但无法清晰地做出是否去实习、什么时候去实习的决定。

一方面她觉得自己也应该去实习，但目前还有九周的课程没有上完，立马去实习肯定不现实。因此，她打算第十周以后去寻找实习。

另一方面，她又觉得实习用处不大，因为她想要去考公务员，自己似乎更应该静下心来看书复习。

当决策的天平倒向了不去找实习时，她又想到公务员考试之前还有很长的一段时间，也许自己也应该试着找找工作，如果要找工作，那还是应该去实习。

她的想法仿佛是绕成一团的乱麻，理不出头绪，无数个"应该"把她紧紧缠住，动弹不得。

咨询师决定先跳出"应该"这个魔咒，和她讨论一下内心真正的目标。"听你讲话的时候，我体会到那种乱糟糟的感觉，但我也注意到你一开始的想法其实是想考公务员。"

小刘被拉回考公务员这个点上以后，谈了很多，包括自己想考公务员的理由，想要去考的具体岗位是国税局，已经做过的相关实习经历等。小刘还是很确定自己想要的是什么，也知道该怎么准备。

咨询师确认了学生的目标之后，提出疑问："如果是朝着这个方向努力，你是否迫切需要去实习？"

小刘没有正面回答，而是犹豫着以问代答："老师，您觉得我需不需要去实习呢？我现在就是待在学校吗？因为我每次看到别人去实习，看到大家好像都很忙的样子我就心慌。"

咨询师说："其他人忙着实习大多是在为秋招做准备，你也要参加秋招吗？"

小刘终于吐露了纠结背后的担忧："我就是怕万一公务员考试不顺利，如果我又没参加秋招，到时候自己工作没有着落。"

面对小刘的忧虑，咨询师没有劝说，而是使用了激将法："我听你言下之意，是觉得自己很可能落榜。那要不然你就别考了，踏踏实实去秋招吧。"

小刘闻言竟然笑了，然后说："我还是想要考公务员。"语气比之前更坚定一些。

咨询师趁热打铁问道："既然你的倾向这么明确了，你近期打算做什么呢？"

小刘表示打算先了解一下公务员考核重点，笔试和面试具体应该怎么准备。"其实公务员的考试，重要的还是备考。"她停了一下，接着说，"但我发现好多人是同时在准备公务员考试和实习，似乎这两件事就应该同时准备，但我很困惑他们怎么能做到同时准备"。

咨询师又看到了"应该"这个魔咒对于小刘的束缚，于是问："我们不必管别人能不能做到，你觉得自己可以兼顾吗？"

小刘摇了摇头。

"是的，有的人可以兼顾多线程的任务，有的人更擅长专注一件事。这就像每个人的手掌大小不一，有的人可以一次握 3 颗鸡蛋，有的人一次只能握 2 颗甚至 1 颗鸡蛋。要是一个只能握 1 颗鸡蛋的人勉强去拿了 3 颗鸡蛋，会怎样？"

"会全摔了。其实我就是听说了上一届有一个同学考公也没考上，校招也没拿到 offer，然后论文也出了问题。我就很担心自己也会这样。"小刘皱起了眉头。

咨询师问："其实你感受到了这种准备策略的不妥，但还是不能完全集中精力到准备公务员考试上。是什么阻碍了你？"

小刘再一次明确了自己焦虑的原因，"其实我很怕考不上，然后秋招也没准备"。

咨询师此时没有继续聚焦讨论小刘的焦虑情绪，选择了帮助小刘把目光放到目标和行动上。"我能看到你确实很想成功考取公务员，那要达到这个目标，你必须做好哪些准备？"

小刘表示首先要保证自己可以毕业，然后需要做好复习的工作。

咨询师接着问："你刚刚提及的近期几个任务，学业、实习、准备公务员考试，如果按对成功考取公务员的影响排优先顺序，你认为是怎样的呢？"

小刘这一次很清晰地给出了答案："学业优先吧，因为要先毕业，然后才能准备公务员考试，然后实习。"

咨询师笑着说："你看，你的问题已经有了答案。"

小刘也笑了："谢谢老师，我一下清晰了很多。其实主要还是心里太慌张了，看到大家都在努力，我就有点坐不住了。"

三、咨询反思

小刘的情况在专硕研究生中十分常见。因为专硕学制为两年，几乎所有学生研一时就开始思考是否要去实习。因此，实习相关问题是专硕同学的职业生涯咨询中出现频率最高的问题。

小刘的问题表面上是要不要去实习，但实质是她对考公务员这个决定信心不足，害怕失败。导致该问题的直接诱因是和同学的对比心态，加重了她对失败的恐惧和焦虑，急切地想要寻找失败的补救方案。学生在两个选择之间的摇摆纠结，表面上看是害怕失败，其实是在选择为目标拼搏与选择放弃和逃避之间徘徊。要解决这一类问题，咨询师一定要从最核心的问题问起，探寻学生真正想要的是什么？为什么？他对此了解多少？厘清了这一核心问题，才能顺利拨开表面的迷雾，打破"应该"二字的束缚，帮助学生朝着自己真正的目标前进。

行业选择不能只凭感觉和片面的认知，而应当结合自己的兴趣、性格特点、技能水平和价值倾向。职业生涯测评可以在学生选择实习时提供有益帮助。但测评结果的解读一定要基于来访者的真实感受。

案例6　我该如何选择实习?

咨询师：邹涛

一、案例背景

来访者，女，N专业专硕研一学生。

该生是跨校跨专业考研，对研究生专业知识的学习并不深入。专硕只有两年的时间，来访者对如何选择实习感觉比较迷茫。咨询的核心问题是：是什么原因让学生产生了实习很迷茫的感受？学生表面说明的原因是专业基础不牢，但深层原因还需要进一步厘清。

二、咨询过程

本次咨询与学生共进行了两次面谈。

（一）第一次面谈

来访者：我现在对实习的选择感觉很迷茫。我身边有同学去投行、券商实习，我也很希望去那样的单位，但我怕自己不能适应。

咨询师：你本科是在C大毕业的吗？学的什么专业呢？

来访者：我本科不是C大的，是一个二本院校，专业是其他专业。

咨询师：当初为什么考这里的N专业呢？

来访者：当时考研的目的很简单，就是换一个好学校，我本科的学校就业很困难。至于学什么专业，其实并不是很重要，只要能考上这里就行。

咨询师：你为什么会感觉选择实习让你很迷茫呢？

来访者：我考研复习的专业课是突击的，专业基础并不好。现在我的研究生同学有些去了证券公司或者投行实习，我也想去试试，但我很担心，感觉自己不行。但我也不清楚自己到底想干什么。

咨询师：能不能跟我描绘一下，你理想的工作是怎样的？

来访者：我理想的工作是能体现自己的价值，收入能保证我的生活，同时还能有比较多的休闲时间。

咨询师：你能不能再描述一下，"能体现自己的价值"具体指什么？

来访者：就是自己在这个领域能有所专长，通过几年的发展还能成为一个团队的领导者，有自己的话语权，事业能一步步往上发展。

咨询师：你上面说的这些理想的职业状态，与你希望去投行、证券行业实习有联系吗？

来访者：投行、证券收入很高，而且这些行业很专业。

咨询师：其他行业就不专业了吗？你理解的"专业"是什么意思？

来访者：其实我觉得很多行业都可以做得很专业，我可能对专业的理解有点片面。

咨询师：我感觉是投行、证券行业看起来很光鲜，有一种高大上的感觉，所以很吸引你。

来访者：可能是吧。这不是大家都向往的吗？

咨询师：别人的向往真的是你的向往吗？如果是，那为什么你会觉得有冲突呢？

来访者：（思考了一会儿）其实，我不是很向往去证券公司，我觉得自己更适合到企业做一些保障性的岗位，比如市场运营和人力资源管理。

咨询师：那为什么不把实习选定在这些岗位呢？

来访者：这些岗位感觉没有前途，做很多年都会默默无闻，而且做的很多事情很琐碎，并不能马上体现个人价值。

咨询师：你觉得这些保障性的岗位工作，不可能做成专业人士吗？

来访者：这个问题我没想过，应该可以，但肯定需要很多年。

咨询师：如果在证券行业呢？成为专业人士需要多少年？

来访者：估计也需要很多年。

咨询师：是的。"专业"意味着在一个领域持续耕耘，最终成为这个领域的佼佼者。这需要一个过程，任何一个行业都可能孕育出专业人士，但都不可能一蹴而就，需要慢慢沉淀和积累，对吗？

来访者：是的，选证券行业其实并不是我真心的想法，我只是觉得它很光鲜亮丽，很多同学都会首选这个行业，但其实可能并不太适合我。

咨询师：嗯。我们做选择时往往容易参照社会和他人的标准，而忽略了自己真实的需要。

来访者：老师，我听说可以做职业生涯测评，我想做一下。因为我确实对自己了解得不够。

咨询师：可以，我们可以借助报告的结果，进一步谈谈你的真实需要。

（二）第二次面谈

第二周，咨询师帮助来访学生完成了职业生涯测评。

咨询师参照学生职业生涯测评结果，重点就兴趣和性格报告与来访学生进行了沟通。咨询师首先向学生陈述了这个测试的主要目的和每个指标的具体含义。

咨询师：兴趣报告显示，你有社会型、艺术型、企业型、事务型特征，每种兴趣特征我刚才给你做了解释，如果让你重新选，并按先后顺序进行排序，你会如何选？

来访者：我感觉自己艺术型特征并不明显，排在第一位的应该是社会型，然后是事务型，最后是企业型。

咨询师：社会型特征的最大特点是注重人际关系的和谐，注重相互的理解和支持，这些特点倒是跟你希望从事的保障性岗位，比如市场运营、人力资源管理的岗位比较吻合。同时，这些岗位也与事务型特征比较吻合，做事要有条理、注重规则。而企业型特征与你希望成为"专业化"人士的愿望比较吻合。而证券行业也是一个特别强调个性化、独立性、决断力的行业，你觉得自己适合吗？

来访者：现在我觉得可能自己真的不太适合证券行业。前两天我一个人准备考试，一个人待久了，我就觉得很不舒服，我希望能更多地与团队融合在一起。这两天考试结束了，大家又在一起了，我感觉挺好。

咨询师：我们再来看看你的性格测试。你是外倾型、直觉型、情感型、知觉型的特征。每个指标的含义，我已经对你做了具体介绍。你觉得这个测试结果跟你真实的情况符合吗？

来访者：我觉得比较符合。

咨询师：有需要调整的吗？

来访者：没有

咨询师：嗯，人力资源或者市场运营岗位需求与你的性格测试结果也比较匹配。

来访者：老师，我现在对实习选择比较清晰了。

三、咨询反思

对问题的澄清是访谈的基础。咨询师对来访者的问题要有足够的辨识，才能找到正确的咨询方向和路径。当来访者一直对自己的问题不清楚时，咨询师需要停下来，不要被来访者表面的讲述迷惑，始终把握"澄清问题"这个关键。

对于来访者未描述清楚的概念，咨询师也需要进一步澄清，这些概念往往包含着大量含混不清的信息，澄清这些信息，也许是咨询的重要突破口。

　　咨询师对来访者的问题基本判断清楚后，可以借助测评工具，进一步帮助来访者认识自己。测评结果的解读一定要基于来访者的真实感受，如果存在来访者感受与测评结果不符的情况，一定要以来访者为中心，而不是以报告结果为中心。

要打破"本来想好好学习，却每次都选择了玩，然后又自责补偿性学习"的怪圈，就要诚实地面对自己的需要，承受选择的代价，为自己的选择买单。毕竟一个人只有充分理解和接纳自己的行为时，才有可能真正看向前方。

案例7　跳出"计划—贪玩—自责"的怪圈

咨询师：凌小梅

一、案例背景

来访者，女，成都人，H专业学硕研一学生，保研生，本科来自某一本农业院校。她介绍自己是一个兴趣广泛、参加活动较多、比较活跃的人。

来访者来咨询的问题有两个，第一个是要不要在研二出国交换。第二个是自己未来应该从事什么行业。经提示本次咨询时间有限只能集中探讨一个问题后，来访者选择了讨论未来应该从事什么行业。

二、咨询过程

咨询师首先询问了同学对于未来工作的行业的看法。

咨询师：你对未来就业的行业有什么看法？有没有比较感兴趣的行业呢？

来访者：嗯，我就是完全不知道自己应该去哪里。

咨询师：你心里有没有一个比较感兴趣的行业或者公司呢？

来访者：我是学H专业的，但是我不是很想做这个专业对口的岗位，因为这些岗位工资比较低，发展空间也有限。我听说有师姐去某腾的，互联网公司，工资很不错，而且互联网这几年很火。

咨询师：所以你愿意去某腾这样的互联网公司吗？

来访者：我觉得互联网公司工作压力肯定很大，加班也多，而且一起竞争的人都很优秀。

咨询师：所以你不太希望去有很多加班和很大压力的公司。

来访者：对，所以我就想看看国企或者外企。

咨询师：国企、外企只是一个笼统的概念，关于行业或者岗位你有什么想法吗？

来访者：没有。我不知道应该去什么行业。

咨询师：你有对某个行业感兴趣吗？

来访者：没有。老师，怎样算感兴趣？

咨询师：你生活中有什么事情是特别喜欢做的吗？

来访者：好像都还好。我就喜欢和朋友出去玩。

咨询师：那我能理解为你比较喜欢和人相处吗？

来访者：可以这么说。

咨询师：其实人力资源的工作有很大一部分是和人一起工作的，你有考虑过人力资源的工作吗？

来访者：但是我不觉得我对人力资源的工作特别感兴趣。

学生抗拒谈论自己的兴趣，不愿意讨论自己的感受，给出的答案都是从他人处听来的一些描述。我感觉她希望由咨询师直接给出一个答案，一个目标。

至此，我调整了方式。首先，坦诚告知自己无法给出答案，以刚才的模式这次谈话无法得出结果。其次，我询问她为什么这么急迫要得到一个目标。

咨询师：作为研一的学生，你还有时间探索，并需要不急着做决定，为什么你这么迫切要有一个目标呢？

来访者：保研来到 C 大以后，我压力很大，周围的同学尤其是本科在 C 大的同学都非常优秀，我很怕落后。

咨询师：落后具体指的是哪方面呢？

来访者：这个专业并不是我的第一选择，所以我的学习动力不强，总是想要和过去的同学一起出去玩。每次出去玩了之后看到身边努力的同学和自己没完成的学习任务，我就很焦虑。

咨询师：是不是有点责备自己？

来访者：对！就是谴责自己贪玩。我也尝试过制订学习计划，定期自我总结，但是学习状态始终不好。尤其最近已经快期末了，我连续三周每周六都出去玩，回来以后又很自责，结果就是周日晚上通宵熬夜学习，很烦。

咨询师：你感觉通宵学习的效果怎样？

来访者：效果不好，所以我就很纠结。我想我可能需要一个好的目标让自己更有动力，比如明确一下我以后要去哪里就业。

到这里，学生求助的原因已经比较清楚了。我告诉同学现在客观上并不需要她马上决定就业的行业，她也还没有做好前期的探索和准备工作。目前面临的最大的问题可能是和周围同学比较所带来的学业压力和焦虑，不能接受过去优秀的自己现在"落后"的这种状况。但学生对这个说法表示了否认。

来访者：其实也没有不接受吧。我现在也挺好的。当然，我也不是那么满意，毕竟人就应该要求自己不断进步，这一点上我还是应该向别人学习，不断改善自己。

咨询师：你刚刚这句话里有两个矛盾的信息。你一边觉得自己挺好，一边又觉得自己比不上某些人，需要向他们学习，那你对自己现状的评价究竟是好还是不好呢？

咨询到这里中断了，学生沉默了几分钟。我看着她，耐心等待。

来访者：其实是不好，我觉得自己比不上周围的同学，很有压力。

等到了这个承认，我长舒了一口气。接下来的咨询就顺理成章了。等学生把自己的压力和担忧充分表达之后，我鼓励她对待自己宽容一些，在面临玩和学习的选择时，可以做任何想做的决定，但一定要待在自己的感受里，哪怕偶尔想逃避也没有关系，收拾好了心情再重新回来面对。因为想要打破"本来想好好学习，却每次都选择了玩，然后又自责补偿性学习"的怪圈，就要诚实地面对自己的需要，承受选择的代价，为自己的选择买单。

三、咨询反思

这个咨询的后半部分结束得有些仓促，一是因为前期浪费了一些时间，后期就比较着急；二是我和来访者的焦虑共振了，也有些着急，急切希望能帮助她走出现在的困境，没有更深入地去挖掘她的真实想法。其实，当来访者提及学习压力越大，越想和以前的同学出去玩的时候，可以通过进一步讨论帮助学生看到自己并不是贪玩，而可能是因为自我期望太高导致压力过大，想要回到令自己感到安全和舒服的人际圈。毕竟，一个人只有充分理解和接纳自己的行为时，才有可能真正看向前方。总的来说，本次咨询的建议给得有些早，没能再和学生充分分析她目前的情况。

未来前瞻

取舍一路相随

第五章 眺望未来，信念点亮生涯

本章导读

进入研究生高年级阶段，无论是两年学制的专业硕士，还是三年学制的学术硕士，都即将步入社会，确定未来的职业选择。这其中所有的犹豫不决和迷茫彷徨都是我们前进的必经之路，任何一个阶段性任务的终结都为下一步的走向埋下了伏笔，你的焦虑、你的不安、你的压力、你的纠结，都是帮助你往前实现跨越的珍贵宝藏。

本章收录的 8 个案例中，既包括了研究生在求职前对于未来的迷茫和困惑，也包含手里有多个 offer 选项却不知道具体该如何取舍的情况。但凡涉及选择，终归要面临取舍。取舍显示了一个人的胸襟、气量、理想与信念。鱼与熊掌本无好坏，只是对每个人而言，要思考哪个才是自己的真正需要。蜂拥而至的用人单位，眼花缭乱的求职岗位，哪个才是我之所求？同学间的信息搅扰，家人、老师的热切期盼，哪个才是我之所要？鱼，我所欲也，熊掌亦我所欲也，但选择只能有一个，你不能同时拥有所有选项。每个选项都有它的潜在价值，也有它的局限和不足，那么我们到底该如何去抉择？本章案例提供了很多同学的具体分析过程，他们的经历也是同学们在求职过程中遇到的典型境遇，希望能给其他同学带来一些启发和帮助。

> 路在哪里只有当事人最清楚。很多时候来访者隐隐约约知道内心想要去的地方，但是会被周围嘈杂的"噪音"所淹没。这些"噪音"可能来自周围同学，也可能是源于父母师长的期待。然而，每个人终究还是需要自己承担起做选择的责任。

案例1　请告诉我路在何方？

咨询师：吴龙霞

一、案例背景

来访者，女，F专业，专业硕士二年级学生，已经完成了所有需要修读的课程。

咨询问题：①周围的同学都在忙于实习，不知道自己现在该花时间去实习一下，还是该潜心搞科研？②不知道未来的方向该怎么选择。

二、咨询过程

咨询师请来访者详细说一下自己想要咨询的主要问题。

来访者：我现在已经是研二下学期阶段，我们虽然是专业硕士，但是3年学制，目前我的课程已经修完，这学期在学校已经没有需要修读的课程了。好多同学毕业后会选择直接就业，他们现在都在忙着到处实习。看着别人忙碌自己觉得心里慌慌的。导师不让我们出去实习，他说实习是浪费时间，没有什么意义，应该在学校潜下心来专注于科研训练，多看文献，多写论文。

（来访者看起来单纯稚嫩，说话的声音也有点奶声奶气。）

咨询师：那么你怎么打算的呢？

来访者：我也不知道该怎么做，好多同学都跑去实习了，听同学说实习经验对求职很重要。我偷偷去实习过一次，但都是瞒着导师去的。

咨询师：你毕业以后想继续读博还是直接工作？

来访者：我就是不知道到底该选择哪个？家里人希望我考公务员，我自己也希望过朝九晚五的生活，这样比较有规律，压力也不会太大，也不会有太多的竞争。

咨询师：你想过读博的问题吗？

来访者：我不知道自己是否适合做科研。

咨询师：那你对写论文这件事有什么样的感受？痛苦还是享受？

来访者：现在我觉得挺享受的，我很喜欢自己的专业，读书和写东西都让我觉得很有成就感，只是现在还没有发表过论文，不知道自己能不能做好，而且如果要读博的话，我们学校 F 专业比较边缘化，导师建议我选择层次更高一点的学校。

咨询师：嗯，通常情况都会这样选择，毕竟人往高处走，水往低处流嘛。而且攻读博士研究生本身也是为了获得更好的专业训练和接触更高水准的知识平台，你当然可以选择更好的学校。而且我们学校属于财经类院校，优势学科不在 F 学，这也是很自然的事情，如果继续读博的话，你可能也需要重点考虑你们专业的重点高校，比如说 M 大学之类等。

来访者：我妈妈觉得，我可以先进国企，稳定下来以后再做其他打算。

咨询师：你所说的"其他打算"具体所指是什么呢？

来访者：比如读博啊！

咨询师（笑了）：我还以为是让你结婚生孩子呢。原来你的家人对你的期待和未来设想是读博啊。

来访者（也笑了）：其实是想稳定下来做一些自己想做的事情。

咨询师：看来你所说的想做的事情就是读博喽？

来访者：嗯，但是不知道自己的能力可不可以胜任。

咨询师：你家里有经济压力吗？

来访者：没有。

咨询师：那你可以在硕士研究生阶段，通过一些基本的科研学术训练，培养和确认一下自己在这方面是否有潜力，同时也需要明确一下自己对专业的学术研究本身是否真正感兴趣。

来访者：嗯，老师，我大概知道自己现在该怎样选择和怎样安排时间了。如果我选择毕业后继续读博，那么目前实习对于我来说就不是特别紧要的事项，我可以把更多的时间和精力用在读文献和写论文上。

咨询师：对的，眼下的安排是要围绕自己未来的选择而定，做了选择后你自然会有自己的目标，同时也会找到往前走的方向，随后便朝着你所选目标的方向走，围绕目标结合当下最紧要的需求做时间设置和具体安排。如果你选择毕业后直接就业，实习对于你来说当然就是当务之急，因为下学期就进入求职季了，你需要通过实习为自己积累职场经验和职场技能。但是你如果选择继续读博的话，目前最重要的就是多做一些学术性的科研训练，发掘和培养自己的科研能力，为自己将来选择更好的学校做充分的准备，为自己将来学术研究做好基本科研训练，读文献、写论文、发论文，这些都是你现在需要着手完成的事项。

来访者（松了一口气）：谢谢老师，我知道该怎么做了。

三、咨询反思

最近遇到很多这种在选择中踟蹰徘徊的学生，有的是大三了不知道将来该就业还是该考研，有的是考研失败不知道该就业还是继续"二战"考研。事实上，学生内在通常已经有一个隐约可见的选择，只是受到周围环境的影响，他们听不到这个内在的声音。咨询师需要在咨询过程中不断追问细节，然后仔细分辨，让学生自己听到和发现这个声音。所有的选择都有风险和代价，学生需要懂得为自己的选择负责，学会承担选择的后果。只有清楚知道所有的选择都需要付出代价，学生才能学会在权衡各个选项过程中确认自己内心真正的需要。

通过咨询，能让学生在一团迷雾中看清自己未来要找寻的方向，能让学生在纷纷扰扰的现实困惑中敢于坚定地走自己选择的道路。很多时候他们不是不知道自己想要什么，只是需要一份确定感和支持力，让他们在前进时不至于那么彷徨和虚弱。当咨询师由衷而坚定地相信来访者能够自己面对困境时，这份信心将传递给学生，为学生注入能量，促进他们未来的行动。在这份信心和坚定的支持下，学生就能够找到解决问题的真正途径，并带着这份坚定勇敢地去走下去。

选择没有对错，只有称心与否，适配与否，患得患失间也许隐藏的正是那一份在意。没有百利而无一害的选项，也没有哪个选项不需要面对挑战和困难，不要把对未来路上困难的逃避当成自己不想选择的理由。

案例2　当下的选择即是最棒的选择

咨询师：曾月

一、案例背景

来访者是一名研二学生，最近在准备申请直博，咨询的问题是如何在读博和就业中做出选择。

二、咨询过程

来访者：现在有一个可以直博的机会，我一直在努力复习为之做准备，但是同时又觉得很累，感到头痛和焦虑，晚上经常失眠。

咨询师：你是感觉有一种消耗感吧，是身体很累还是心很累呢？

来访者：对，身体累吧。我是一个对自己要求比较高的人，感觉找数据、看文献、写文章的过程蛮痛苦的。

咨询师：所以，在这块你需要很努力才能达到自己设定的目标。

来访者：差不多，我看我们导师每天就活得挺累的。不过，我又觉得别人能做到的事情，我应该也可以。等读完博士，我肯定也是可以做到的。

咨询师：为什么想要考虑读博呢？

来访者：一方面是家人都支持我读博，另一方面就是我觉得博士也是一种成功的象征，我其实蛮"虚荣"的。不过，我也听别人说 C 大博士毕业可能也只能去个二本院校，如果科研项目再做得一般的话，估计每月到手的工资也就一万元左右，我感觉挺少的。

咨询师：所以，你是比较看重收入的人。

来访者：对，就像我说的，我其实挺虚荣的，我喜欢买护肤品、包包这些东西，这些都需要花很多的钱。

咨询师：你目前为止的思考似乎都是通过比较外在的条件来衡量的，有没有考虑过自己是否真的喜欢或者适合某个选择呢？

来访者：我喜欢的其实是追剧和化妆，但这些又不可能变成工作。适合我的工作，我都感觉有点吃力，其实我觉得自己科研天赋也挺一般的。

咨询师：之前有去公司实习的经历吗？感受如何？

来访者：我去一家评估公司实习过。评估师工作挺灵活自由的，甚至有时可以在家办公，而且公司地点是在写字楼里，我挺喜欢那种氛围的。

咨询师：这么说你对上一份实习感觉还是不错的，看来你对办公环境也比较看重，对吗？

来访者：是的。

咨询师：一份工作通常包含很多维度。你对于工作带给你的成长空间、晋升通道、挑战度和稳定性这些要素是怎么看待的呢？

来访者：我其实蛮在乎成长空间的。我认为刚毕业应该先去挑战性强一点的地方，之后再考虑更换相对稳定的工作。所以我不想去评估所也不想去国企这类的工作单位，我可能会选择银行或者投行。

咨询师：看来你是能够接受加班，并且喜欢变化性强的工作类型，是吗？

来访者：是的。我经常要求自己早上九点起来学习，可以一直学到晚上十点多。所以我觉得我是可以接受需要加班的工作的。另外，我对自己要求比较高，如果一个目标没有完成我就会一直想着，这会影响我平时的状态。我觉得如果在公司工作的话，至少完成了一件事可以休息一下，但是如果是发论文，有可能半年、一年甚至几年才能发一篇，我感觉我的神经会一直绷着。

咨询师：如果长期神经紧绷，压力也挺大的吧？心里也挺累的吧？

来访者：是的。

咨询师：刚刚我们聊了这么多，你也分享了很多自己真实的感受和想法，你现在对于到底是读博还是直接工作有更清晰的想法了吗？

来访者：（思考了一下）其实我还是觉得挺迷茫的。

咨询师：很多时候我们会因为在意一些外在的观点而无法发觉自己内在的真实感受和想法。你回去后可以列个决策矩阵，通过量化工具来帮助自己确认内心的选择，可能会让你内心真实的想法更加清晰一些。

来访者：我知道这个方法，但我觉得这个方法也有些主观啊，不是很准。

咨询师：其实，在与你交流的过程中，你给我的感受是你不断在讲读博的不好，你自己不擅长做科研，读博带给你很多压力，让你身心俱疲，同时你又担心未来博士毕业，就业前景也未必乐观。

来访者：其实，我觉得读博还有一个难点是我不大擅长一个人完成课题。我发现我之前很多成就都是在团队的带领下取得的，而我现在独自写的文章，很多初审时就被拒了。

咨询师：嗯，你可以多听听自己内心的声音。

来访者：那老师，怎么确定自己不会做出错的选择呢？我其实就是一个特别犹豫纠结的人。

咨询师：那最后我送你一句话，世界上没有永远正确的选择，因为没有尝试，你永远不知道其他的选择是否会比现在这个更好，你能够做的就是把你内心最渴望的那一个选项作为你当下的选择。你要相信自己。

来访者：嗯嗯，谢谢老师。

三、个案反思

本案中，其实来访者内心一直有一个声音，也几乎做出了选择，那就是继续读博，但是因为不够自信又或是想做得面面俱到，使内心发生了冲突。咨询师建议的处理方法是：跟随来访者的思路，从价值观和内在感受来启发他重新思考，像一面镜子一样映照出来访者的内心，让其听见自己内在真实的声音，并鼓励来访者相信自己，勇于为自己的选择承担后果。

不敢前行，也许是心有畏惧；瞻前顾后，也许是心意未定。当学生缺少行动力时，需要借助外力来为其添薪加火，点燃驱动其前行的发动机。在来访者无法明晰内心想法，无从获知外部信息时，咨询师可以助推他看清自己内在的方向。

案例3　行动，是做出选择最好的开始

咨询师：张碧倩

一、基本情况

来访者就读于 G 专业，女，学硕研二。来访者有明确的求职目标，希望报考公务员，但是又担心考不上，因此想找一个可以保底的工作。咨询目的是想确认暑假应该投入公务员复习，还是该找份实习充实简历。

二、咨询过程

咨询师：你好，同学！我看到你的预约问题是"不知道该去实习，还是该去考公务员"。你能展开再补充介绍一下目前困惑的具体情况吗？

来访者：好的，老师。我是学管理类专业的，现在就业环境不好，我就想找一份稳定的公务员的工作。但是我又怕自己考不上，所以我就觉得应该去找一个备选的工作，但是我至今没有任何实习经历。因此，我有点纠结，不知道暑假应该去找个实习，还是该专心备考公务员。

咨询师：听起来，你想和我讨论的是暑期时间安排的问题，对吗？

来访者：是的。

咨询师：那我想先了解下你的基本情况。你暑期的实习是在哪个单位呢？

来访者：我还没有确定实习的单位。

咨询师：那你目前都投递了哪些实习岗位呢？

来访者：我还没有开始投简历。

咨询师：那你简历准备好了吗？

来访者：还没有。

咨询师：明白了。那么你想考的公务员岗位是什么呢？

来访者：我还没想好。

咨询师：那区域呢？

来访者：可能是成都，也可能是我家乡，我家是宁夏的。

咨询师：区域确定了也不错。那你是准备参加选调生考试、国考还是省考呢？

来访者：我还没想好，可能都会去试一下，但是我也不太知道它们之间有什么区别。

咨询师：明白了，那我们先厘清一下你目前的状况。你倾向于考公务员，但是目前对于公务员的岗位信息和选拔机制还不清楚。你也想找一个其他的单位做备选，但目前包括简历在内的就业准备工作还没有开始。

来访者：（沉默了一下）我好像确实没有查过相关的信息。（明显能够感受到来访者沮丧的情绪）

咨询师：从老师的经验来看，咱们周围很多同学都是这样的。对于职业目标的设定和行动，确实需要一个系统的思考，而你能够寻求职业生涯咨询的帮助，说明你是一个很主动的人，并且能够有效把握周围的资源，这是找到一份好工作的必备素质，你现在要做的只是需要一些时间和精力去准备。

来访者：那我现在应该怎么做呢？

咨询师：我的建议是，你可以做两方面的资料准备。一方面，你可以先了解公务员考试的相关信息。做一张表格，把成都地区符合条件的岗位信息进行梳理，同时把选调生考试的信息也附上去，通过这张表格看一看能够报考哪些岗位，为下一阶段打好基础。另一方面，你可以通过正规的求职网站搜索感兴趣的实习岗位，然后把简历投出去。行动起来后我们可能会有很多新的收获，慢慢就可以大致锁定就业目标。在整个过程中，你通过投递简历申请实习，可以了解到实习岗位的需求。当然，你也许也会面临另一种情况，就是一直没有申请到实习，那么暑期的安排就不需要纠结了，你就可以全力以赴进行公务员考试的复习了。

来访者：但是如果我申请不到实习，暑假复习了又没考上公务员怎么办呢？

咨询师：确实可能会出现这样的情况。但做出选择就一定会付出成本，我们唯一能做到的就是尽可能地降低成本。现在才三月份，如果我们用一周的时间去收集信息，然后再用接下来的一周去投简历，应该还有时间对申请实习失败的原因进行甄别，比如我们是因为简历制作得不好没有进入到实习面试，还是因为面试发挥不好被淘汰？弄清楚原因后，我们也可以在这学期把这些短板都补上，因为即使进行这些准备，也不会耽误假期的复习。这样就可以尽可能做更多的准备。

来访者：好的老师，那我回去就着手准备。

咨询师：好的，我建议先用一周把宁夏和成都的公务员考试信息都搜集好，再用第二周的时间来进行暑期实习信息的搜集和投递。如果需要，我们可以在两周后的再见面，一起再来讨论。

来访者：好的老师，那我尽快完成。

咨询师：加油，肯定可以的！

三、咨询反思

这个案例在高年级学生中具有代表性。这类学生对于行业信息和职业目标完全不了解，只凭猜测的信息进行选择，事实上其所困惑的选择问题是"伪命题"。咨询师需要在咨询中明确学生真实的困难，并让学生明白此刻面临的困难必须通过自己行动才能解决。当然，配合咨询师的鼓励和规划推动，可以更好地帮助学生开启从 0 到 1 的职业准备行动。

之后，学生根据约定再次预约咨询，和我进行了讨论。她通过信息搜寻明确了成都几个公务员岗位的目标，也同时因为条件不符合要求，排除了一些选项。由于简历准备不充分，她的实习投递并不如意，后期我们一起进行了简历修改和面试准备。至此，来访者开启了就业准备，完成了初始的职业准备行动，对未来求职充满了信心。

　　很多来访者面临的选择困境，本质上并不是存在真实的困难，而是在寻求开启行动的力量。在帮助学生澄清现状后，如果咨询师能够推动来访者开始行动，并且在第一次的咨询时就约定进度反馈，将会增强学生心理上的动力。案例中的来访者就像停在地面的一辆手推车，如果咨询师能够在一开始助推其行驶起来，那么接下来来访者自然就会继续前行下去。

强烈地想要改变自己也许是对外界束缚的一种反抗。这个世界的主流价值选项不一定就是适合每一个人的选择。有时候，为了捍卫自己内心的愿望，我们需要有对抗世俗的勇气，和直面现实的决心。

案例4　想要改变自己性格的姑娘

咨询师：吴龙霞

一、案例背景

来访者，女，K 专业研二学生。本科就读于本校金融专业。

咨询问题：来访者目前正处于求职找工作的阶段，觉得自己竞争力不强，不知道该找什么样的工作。

二、咨询过程

来访者的问题乍一看和绝大多数来咨询的同学差不多，好像都是在找工作过程中没有清晰的求职目标，所以来寻求帮助。但是在咨询过程中，这个姑娘突然抛出一个问题：老师我想知道在工作中有没有可能改变自己的性格？

这个问题震惊到了我，这显然不是一个通过单次咨询就能解决的问题。而且这个问题背后似乎还有更多的故事。我十分好奇，当即与她展开了对话。

咨询师：那你觉得你的性格是什么样子呢？为什么要改变呢？能不能简单描述一下你眼中的自己。

来访者：我觉得我的性格比较消极、懒散。

咨询师：我觉得这两个形容词更像是在描述一种状态，而不是一种性格特质。为什么这么评价自己呢？能用具体的生活实例说明一下吗？

来访者：进入大学以后，我并没有把太多的精力和心思用在学习上，基本上都是在搞别的。

咨询师：你所谓的"搞别的"具体指的是什么呢？

来访者：追韩国男团明星。我觉得他们长得好看，唱歌也好听，看着他们心情就会好很多。

咨询师：不看他们的时候，心情不好吗？你好像把这些男明星当作了心理安慰剂，是大学生活过得不如意吗？

来访者：上了大学之后情绪就一直比较低落，那四年也过得浑浑噩噩。

咨询师：为什么会这样呢？你不喜欢 C 大吗？

来访者：我当时特别想去外省的学校，并不想来现在的学校。

咨询师：看来这里面故事很多，那你就说说当时为什么最后选了这所学校吧。

来访者：高三时，我特别想去北京的学校，而且想学医。但是我爸爸觉得 C 大的 J 专业很好，就让我报考了这个学校和专业。没有去到自己想去的地方，没有学习到自己想学的专业，所以上大学后我的心情一直就不是很好。

咨询师：这么浑浑噩噩的大学生活，你居然也考上了研究生，那说明你的学习能力还是很厉害的呀，而且还是跨专业报考。

来访者：大三下学期看到大家都在准备考研，也不知道自己该干什么，就随波逐流跟着他们一起备考。

咨询师：那研究生的专业你是出于什么考虑选择的呢？

来访者：当时自己并没有多喜欢 J 专业，考研准备得又不是很充分，就随便选了一个看起来比较容易考上的 K 专业。

咨询师：这几年考研这么卷，你居然随便一准备便考上了 C 大的 K

专业。事实上 K 专业在考研中也很热门，考上也不是一件轻松的事情。看来你的学习能力和应试能力确实不一般。

来访者：腼腆一笑，也就只剩这点本事了。

咨询师：错过的已经错过了，可不可以在现有的基础上，尊重内心的感受，尽可能达成你现在想要实现的那个目标呢。现在又走到了人生的十字路口，需要面临新的选择，你都读到研究生了，家人对你的影响和以前也不可同日而语，他们现在干涉不了你太多了，你可不可以在选择工作的时候使用一下自主选择的权利，真正为自己争取和负责一次呢？你的大学生活是一个很生动的例子，为了对接下来的人生负责，为了改变这种消极懒散的状态，你现在就需要有所行动。当你能够对自己负责，敢于尊重内心去做选择的时候，你的生命力自然就会被激活，所以不用等到工作以后再去改变，要改变现在就可以。不能去北京学习，我们可以选择去北京工作；没有学到医学专业，我们也可以选择在这个行业中做会计工作，做财务工作。总之，经过我们的重新选择，可以离那个梦想中的方向越来越近。

来访者：（若有所思，沉默了一会儿）老师，我知道该怎么去做了。

三、咨询反思

性格是一个人长期以来形成的人格特质，它在短期内很难改变，但是状态却是可以调整和改变的，只是我们需要找到造成当下状态的原因。找到具体原因后，我们需要明白已然形成的既定事实不能改变，但在接受现有事实的基础上，可以给自己一次重新安排命运、实现心理动力的机会，让自己的工作、生活状态可以有机会重新获得生机，重新充满活力。

我需要强调的是，在别人眼里也许 C 大很好，也许 J 专业也很好，但这种在社会认知层面、现行价值评价体系中被认可和推崇的选项，也不一定就适合每一个人，也不一定就是我们自己真心想要的。我们需要尊重自己，尤其是尊重自己的感受，在和社会现实与大潮流兼容的基础上尽可能做一些让自己内心认可并满意的选择。做这种选择需要拥有对自己负责的勇气，需要承受对抗亲人和世俗的压力，也需要有放弃利益诱惑的意志力，但是一个让自己满意的生活状态是值得去追求的，生命本身的价值和意义就是成为自己，过自己想要过的生活。

心在天平两端左右摇摆，举棋不定，感性和理性的斗争将来访者拖入不能决断的泥潭。当不知道一个决定是真的发自内心，还是只是在反抗外力时，可以尝试用职业生涯决策平衡单协助决断。

案例 5　我要不要读博士?

咨询师：李艳

一、案例背景

　　来访者，女，研二学生，本科在家乡一所高校就读，父亲是其本科学校的教授，希望来访者继续在该校攻读研究生，来访者不顾家人反对，考到了 C 大。现在父亲已帮她联系好导师，想让来访者硕士毕业后考博士回到本科的学校。来访者在犹豫究竟是继续读博士还是直接就业。

二、咨询过程

　　咨询师：我想知道发生了什么事促使你今天来做咨询呢？
　　来访者：我现在很困惑，不知道毕业后究竟是继续读博士还是去找工作，我想了很久也没做出决定。
　　咨询师：要做这个决定确实不是一件容易的事情，我们很多同学在面临毕业选择时都会经历这个阶段。那你看我们今天的咨询是就这个问题进行讨论还是有其他你更想要先聊的话题呢？
　　来访者：就聊这个问题吧，我确实也思考很久了。
　　咨询师：那可以先说说你对这两个选择目前的想法吗？
　　来访者：关于读博士，我觉得是需要具备很大的科研兴趣和相应的能力，但我认为自己在科研方面确实不擅长。关于找工作，我倒是有过相应的实习经历，但是我认为自己对未来求职还是没有做好准备。

咨询师：听到你对这两个选择的想法，我感觉你考虑得挺全面的，有考虑自己的兴趣、能力、在求职方面的过往经历以及相应的求职准备等因素，除了这些因素外，还有考虑其他吗？

来访者：另外还有就是我的家人。

咨询师：可以具体谈谈吗？

来访者：我爸爸是我以前本科学校的一个教授，他很想要我博士考回去，而且已经帮我联系好导师了，家人和朋友都认为爸爸为我安排得很好，都劝我考回去，但我自己并不这么想。

咨询师：那你对于爸爸这个安排有什么具体想法吗？

来访者：我自己不太喜欢做科研，而且更重要的是我不想靠父母，我想要通过自己的努力去获得成功。

咨询师：嗯，你有这样的想法能看出你是一个独立和努力的人。我很好奇当初本科毕业时你是怎么做出选择的呢？

来访者：本科毕业时我还没有做好就业的准备，也不知道到社会上能做什么工作。家人也很想让我攻读研究生学位，所以我就选择了读研。当时也没考虑很多，但是我很清楚我不想在本校读，我要考省外的学校。

咨询师：为什么不想在本校读呢？

来访者：因为我本科在自己爸爸任教的学校读书的感受很不好，周围全是爸爸的同事，都认识我，我感觉自己的一言一行都在他们的关注之下，很不自由，我也没法放手去做自己想做的事情。

咨询师：所以你本科毕业时就很坚定地选择考外省的学校，那现在你对当初的选择满意吗？

来访者：我很满意，因为来 C 大读研后我就完全可以按照自己的想法去做自己喜欢和想做的事情，比如参加校内比赛和校外实习。所以我不愿意回去读博士，就算选择读博士也会在 C 大或其他学校，如果选择就业我也想留在四川，这一点我很清楚。

咨询师：也就是说未来不管是读博还是就业你都不愿意回家乡，在地域的选择上已经非常清楚了，对吗？

来访者：是的，只是我还是没想好究竟是读博还是就业。

咨询师：好的，那我们一起看看关于这两个选择我们需要考虑的因素。除了兴趣、能力、实习经历、求职准备以及家人的影响（主要是爸爸的影响）这些因素外还有其他你看重的因素吗？

来访者：没有了，主要就是这些因素。

咨询师：如果要给这些因素排序，你会排前三位的因素是什么呢？

来访者：能力、兴趣和家人影响。

咨询师：能力和兴趣是关于个人的因素，家人影响是重要的他人（或外界）因素。我们先看个人因素，你刚才有提到自己在科研方面不擅长也不喜欢是你不想读博的主要原因，对吗？

来访者：是的，我更喜欢并且善于与人交流，喜欢通过跟别人交谈来获取知识和信息，而不是整天跟书本、实验等打交道。

咨询师：能看出你对自我的认知比较明确，那我们再来看看家人影响部分。你的家人是更倾向于让你选择读博，那有没有一种可能，家人越是让你选择哪个方向，你就越不愿意选择那个方向呢？

来访者：我觉得有这种可能，我就会找更多的证据去证明我确实不适合他们选择的这个方向。

咨询师：那我们现在先假设家人在这两个选择上是中立的态度，我们一起来用职业生涯决策平衡单来把刚才讨论到的因素梳理一下，并对它们的重要性和影响程度进行打分，然后来听听自己在这两个选择上内心真正的声音。如果你觉得这个方法可行，我就先给你介绍一下什么是职业生涯决策平衡单，以及怎么利用它来帮助我们解决问题。

来访者：好的，我很愿意试一试。

接下来的咨询中，我们借助职业生涯决策平衡单这个工具梳理了来访者在这两个选择上真正看重的部分以及内心的真实想法。

三、咨询反思

在本案例中我和来访者经历了沟通、分析、梳理等阶段，最终借助职业生涯决策平衡单聚焦到了两个选择、五个因素上，让来访者感受到了自己内心真正看重的是什么，从而做出自己的选择。正如金树人老师在《生涯咨询与辅导》一书中所说的："人类的决策历程经常在感性和理性之间摆荡。"在咨询中使用职业生涯决策平衡单时会发现，平衡单只是工具，来访者内心真正的成长来自借助工具梳理的过程。使用工具的目的是帮助来访者清晰坚定且自信地面对职业生涯议题，最终做出自己的抉择。

最甜蜜的烦恼就是在两个优解中必须选一个，无奈在于鱼和熊掌不能兼得。在职业生涯咨询探寻细节的过程中深入下去，我们会看到两者的差异。不同的行业、不同的岗位有各自的利弊，倾向哪一个选项是隐藏在来访者内心深处对未来最深的渴望。

案例 6　我该选择哪一个 offer？

咨询师：张太富

一、案例背景

来访者小 A，T 专业研三学生，专业方向偏向数据分析，有较强的编程和数据分析能力。来访时，该生手里有两个 offer，某出版社编辑岗、某银行软件中心软件开发岗，现在面临职业选择，很纠结，于是预约了这次咨询。

二、咨询过程

咨询师：请坐（倒茶），来，先喝点水。

来访者：谢谢老师。

咨询师：先简单介绍你的情况吧，看看我能帮你什么？

来访者：老师好，我本硕读的都是本校的 T 专业。我很喜欢这个专业，在这个专业的投入和实践还不错。

咨询师：你今天来是想解决什么样的问题呢？

来访者：是这样的，我最近拿到了好几个 offer，其他的我都已经拒绝了。但是有两个 offer 我都蛮喜欢，最近都在催我签约了，我心里很纠结究竟该选择哪一个。

咨询师：拿到 offer 很棒啊。能不能具体描述一下这两个 offer？

来访者：这两个 offer 分别是某出版社的编辑岗和某银行软件中心软件开发岗，两个 offer 的工作岗位都在 a 城，都是去总部。

咨询师：恭喜恭喜，都是很不错的 offer。能再具体一点描述下今天想要解决的问题吗？

来访者：今天来找老师咨询，就是想让您帮我梳理一下思路，这两个 offer 我究竟应该选择哪一个？

咨询师：你这两个 offer 分属不同行业，不同岗位，所以你其实是在思考选择什么行业和什么岗位，对吧？

来访者：（眼睛一亮）是的老师。确实如此，其实我不是面临具体的 offer 选择，而是要考量 offer 的行业选择和岗位选择。

咨询师：你的悟性不错。这个问题解决了，以后你再面临类似的选择的时候，你就拥有了自己的思路和解决方法了。那么我们就确认了今天的咨询要解决的主要问题是在这两个 offer 中选择一个，而问题的关键是要考虑清楚这两个 offer 背后所代表的行业和岗位。

来访者：是的，我就是想解决这个问题。

咨询师：好，问题确定后，我们来谈谈这两个 offer 本身。首先，你对出版行业了解多少呢？

来访者：有一点，但不多。所以想来请教老师。

咨询师：整体来说，图书出版行业算是比较传统的行业，行业增量不大，也就是说这个行业的增长空间不大，但是相对稳定，有一定的可持续发展能力。但这几年也有新的特点，电子出版和数字出版部分相对增长较快。

来访者：谢谢老师，确实我对行业趋势的了解很少。

咨询师：具体到这家出版社，你了解多少呢？

来访者：这个我还是清楚的，它在同行业内处于领先地位吧，市场占有很靠前，貌似在单体出版社中是第一。

咨询师：是的，在行业内该社是龙头。那么你对它的编辑岗位了解多少呢？

来访者：嗯，对这个岗位我基本了解。HR 给我讲过，主要是要完成书稿的选题策划、组稿、编辑加工和市场推广等工作，还要负责宣传、营销、安排组稿会、教师培训等活动，因为目标市场主要是高校和高校教师嘛。

咨询师：很不错，看来你还是做了不少功课的。现在我们来看看金融业，对你这个 offer 来说，主要是银行业。你对银行业了解多少呢？

来访者：我曾经在工商银行实习过三个月，家里也有亲人在银行工作，所以也还算了解。

咨询师：很好，你对银行业的软件开发岗了解多少呢？

来访者：这个岗位我在求职前和面试过程中有基本的了解，需要完成银行相关产品的分析、设计、编码、推广、需求开发、技术方案编写、程序实现和测试工作。这些方面我之前做过类似的项目，只是我做的项目比较简单。

咨询师：好，那么我们探讨了这两个不同行业、不同岗位的 offer 情况后，你认为这两个岗位的差异在哪里？或者说，这两个岗位都各有什么特点？

来访者：（思考）编辑更多是文字工作，软件开发更多是跟计算机打交道吧。

咨询师：这个观察很敏锐。咱们回到曾学习过的职业生涯规划中的霍兰德理论（讲解霍兰德理论、霍兰德六边形和霍兰德代码）。你认为你的霍兰德代码是什么？

来访者：这个方面我之前测试过，也和同学讨论过，加上老师刚刚的解释，我认为我喜欢思考、研究，也喜欢从事数据和具体事情的处理，同时也喜欢说服别人。我觉得我的霍兰德代码是 IEC，但刚刚老师提到的代码顺序，我还需要再确认。

咨询师：非常棒，咨询结束后你可以再次澄清和确认自己的兴趣代码和各代码的排列顺序。那么对刚刚我们讨论的两个岗位，如果用霍兰德代码来描述其特点，你觉得应该是什么呢？

来访者：（思考）我觉得编辑岗可能偏向 AE，而软件开发岗偏向 IC。

咨询师：我认同你的观点。那么，就金融业和图书出版业来说，你倾向哪个行业多一些呢？在思考这个问题的时候，要充分考虑一个行业的发展前景和发展趋势。同时还要考虑一个关键问题，职业的发展和选择也同样存在路径依赖，假设在三到五年后，你想换一份工作（行业），那么你现在的职业选择能为今后职业转换贡献什么？

来访者：老师的这个问题触动我了（思考）。这样说来，我可能不会在图书出版业长期做下去。

咨询师：经过刚才的讨论，你是否有结论了呢？

来访者：是的，我想我思路清晰了很多。经过刚才的讨论和您的提问，让我思考了很多。

咨询师：具体说说你的思路，我们一起看看可能的选择。

来访者：经过刚才的讨论和思考，在行业选择上，我想尽量宽泛一些。我初步判断图书出版业于我而言有些狭窄了，选择金融业对我以后的发展更有利。即使哪天我要调整工作，要跳槽，可能选择的余地也要大得多。

咨询师：非常好，就是需要站得高一些，考虑长远一些。那么在岗位选择上呢？

来访者：其实就这两个 offer，选择了行业也就选择了岗位了。

咨询师：其实也不完全是这样，我们在讨论这个选择的时候，完全可以跳出当前的 offer 限制来讨论。

来访者：好的，老师。我刚刚也有过思考，我的兴趣类型是 IEC，而软件开发岗恰好偏向 IEC，我觉得还是很符合我的兴趣类型的。事实上，我也很喜欢数据的处理和编程等。

咨询师：非常好。我们来做一个小结，再次确认一下你的选择。

三、咨询反思

在咨询中，毕业年级学生的困惑涉及行业和职业选择的占比不小。本次咨询涉及行业和职业发展的前景、趋势和特点等方面，难度比较大。因此，一方面咨询师需要帮助学生去厘清行业职业的发展趋势，另一方面咨询师也要帮助学生再次探索和认识自我，帮助其分析兴趣爱好、价值观、性格特点和技能特长等与行业和职业的匹配程度。

在咨询中，咨询师与来访者也讨论了来访者的性格、价值观和知识储备等要素对选择这两个 offer 以及对她今后的职业发展的影响。但这部分内容在案例中没有呈现。这个咨询案例中，来访者有很好的职业生涯规划意识和知识储备，所以咨询过程比较顺畅，最后来访者也明确表达了咨询效果很好。

轻飘飘的心里夹杂着太多自我否定和自我怀疑，以至于不能让它"平安着陆"。力量需要从内在汲取，来自你的坚定和决心，也许在行动的过程中就能够找到内在的力量源泉，让自己的内心丰富充盈且具有力量。

案例 7　让来访者的心"平安着陆"

咨询师：王隆庆

一、案例背景

　　小张，女，研究生三年级，J 专业。由于就业形势较为严峻以及父母的期冀，她准备参加国家公务员考试。暑假期间小张报名了国考课程备考，但秋招开始后，看到身边的朋友纷纷参加宣讲会，小张感到焦虑，不知道应该全身心投入考公，还是兼顾秋招，于是预约了本次咨询。

二、咨询过程

　　来访者自述在备考公务员的过程中深感吃力，尤其在资料分析部分投入了大量的时间精力，但是学习效果始终不好。考虑到家乡（江苏）公务员考试的竞争激烈程度，她非常担心考公失败。秋招开始以后，看到身边的同学积极参加各大宣讲会，自己却因为精力有限难以兼顾，她怕最后考公失败又找不到合适的工作，由此陷入内耗。她希望通过咨询减轻焦虑，并明确求职中的规划。

（一）了解焦虑原因

咨询师：你选择考公的原因是什么呢？

来访者：一方面是父母的希望吧，父母觉得公务员比较稳定；另一方面我本人对于未来职业也没有特别偏好，觉得什么职业都可以，又想到自己的一些经历可能也比较适合考公。除此之外，受疫情的影响，我感受到一份稳定工作的重要性，所以综合考虑之后决定考公。但是在准备了两个月之后，感觉自己信心不足，很怕考公失败。

咨询师：你觉得信心不足，主要是因为什么？

来访者：我花钱报了班，也努力跟着学了两个多月，但是行测科目的学习让我感到非常吃力。因为我本人做题的速度一直都比较慢，而行测本来就是时间短、题量大的科目，我一直无法很好地掌握时间。其中的资料分析部分，同学们好像都能做得比较快，但是我在这个模块投入了很多时间和精力学习，也一直在刷题，但是速度始终上不去，感到非常挫败。此外，我国考选择的是江苏省的岗位，竞争非常激烈，每一年的进面分数都很高，所以我很害怕自己考不上。

咨询师：你想象一下，如果考公失败，在你身上会发生什么事情？

来访者：一方面我花了父母的钱报了班，很怕考公失败以后让父母失望；另一方面也惧怕全心投入考公，最后没有成功，也错过了秋招，找不到工作，自己和父母都会很失望。

咨询师：有没有可能是父母对你的期待让你在现阶段感受到了压力？

来访者：我觉得不是。其实我的父母从来没有要求我一定要考上公务员，他们一直比较尊重我的决定，而且他们也经常告诉我考不上也没关系的，我开心最重要。可能主要还是我自己给自己施加了很多压力吧，我不想让他们失望，也不想自己付出了时间、金钱和努力，最后没有收获。如果我失败了，可能应届生身份也没有了，总感觉人生好像停滞了一般，我不太能接受这一点。

咨询师：考公失败，在你看来就等于人生停滞了吗？

来访者：就是如果没考上公，应届生身份也没有了，秋招也错过了，很可能找不到工作，就大概率只能在家里备考再来一年。而这个时候，我的朋友们都已经顺利入职，大家都进入了人生的下一个阶段。我总担心一步慢，步步慢。所以总是在怀疑自己全心考公不参加秋招到底对不对。

（二）了解今后的安排

咨询师：除了公务员之外，你还会考虑别的职业吗？

来访者：有考虑的。我觉得像银行、事务所或者其他国企都可以，我觉得都可以接受。

咨询师：那你有做一些了解和计划吗？

来访者：也有做一些计划。国考大概是 12 月初进行考试，2 月前后出成绩。我本来打算如果国考成绩不理想就抓紧春招找工作，但是我现在担心春招机会不多，不确定能不能找到好的工作。所以我又在纠结要不要秋招也参与，但是秋招真的需要花费不少时间，我怕最后两头都想抓，两头都落空。

咨询师：所以其实你也知道自己想做什么，但是又总是担心选择的不确定性对吧？

来访者：对，因为无论参不参加秋招，我都不确定自己能不能考上公务员，也不确定春招能不能找到工作，所以我不知道该怎么选择，以至于现在非常焦虑。

咨询师：我们是没有办法去预知未来的，没办法去预知一个选择是否正确；但是我们可以确定一个选择是不是自己真正想做的事情，或者是不是自己擅长做的事情，对吧。

来访者：对的。

咨询师：那么你觉得目前什么是你自己真正想做的呢？或者说哪个选择做了可以让你不那么焦虑？

来访者：那可能还是考公吧，同时也不完全放弃秋招。我感觉只有不把鸡蛋放在一个篮子里，我才有可能不那么慌张。

（三）明确选择与开展行动

小张正处于毕业季与就业季的双重压力之下，在这一阶段，任何的选择都具有不确定性。而摆脱焦虑最好的方法就是明确选择，并且规划本阶段可以切实开展的行动。

　　咨询师：那么接下来对于考公你有什么打算呢？除了国考之外还有别的计划吗？

　　来访者：还是主攻弱势模块吧，再努力一把看看。然后选调生考试在国考之前，我也准备报名参加，一方面多抓住一些机会，另一方面也能积累一些考试经验并锻炼自己的心态。国考之后还有省考，我应该也会报名参加，就是尽量多抓住机会吧。

　　咨询师：嗯，那么对于秋招呢？你准备重点关注哪些单位呢？

　　来访者：秋招可能参加得会少一些，但我还是会试试。会试着投递一些银行或者其他国企吧。

　　咨询师：那么你觉得考公和秋招，哪个是你接下来需要进一步准备的呢？

　　来访者：秋招。因为之前一直在做的都是考公的准备工作，对秋招还相对陌生。

　　咨询师：更具体一些的呢？大概可以从哪几个方面入手呢？比如简历？

　　来访者：对，一方面是要修改简历，另一方面还需要多了解这些企业的招聘方式，选择自己心仪的企业吧。我们学校有秋招的信息群，学校公众号也有宣讲会推送，我还可以咨询学长学姐，感觉可以做的事情还是很多的。

　　咨询师：是的，所以如果做了这些事情会让你觉得方向更加明确吗？

　　来访者：对，感觉会踏实很多，也没那么迷茫了。

　　咨询师：所以打破不确定性最好的方法就是开展行动，真正去做了，我们内心的焦虑会得到释放，对吗？

　　来访者：是的。我感觉自己还是要多抓机会，如果只把自己投入到国考一个项目里，真的太容易让自己焦虑了。现在我准备也兼顾一下秋招，感觉安心多了，好像选择也多了一些。

三、咨询反思

在初次交谈的时候，来访者表达的焦虑通常是表象，是与职业规划、就业方向、求职过程有关的，但焦虑背后的真实原因往往是自我怀疑、自我否定、外界压力。

咨询师要将来访者背后的压力源头找到，这需要与来访者进行更加深入的沟通，来访者有时候会回避这个压力源，在语言上与咨询师兜圈子。当咨询师发现来访者在回避问题时，要么刺激他一下，要么给他一些勇气（能量），让他能够正视问题，或者直接终止咨询，也是可选的选项。

多数时候，来访者的心是飘忽不定的，是"脚不着地的"。在和来访者一起面对压力的时候，可以帮助来访者制订一些切实可行的计划，或者直接给他一个资源项，帮助他从中获取对抗压力的能量，帮助来访者的心"踩在地面上"。当来访者感到脚踏实地时，自身的能量和抗压能力都会有所增长。

信心比黄金更重要。当放弃以回避的名义改头换面，可能已经在一退再退地选择逃避，却还以为自己在走向"实现"的路上。面对被各种伪装扰乱思绪的来访者，咨询师要做的就是：澄清、澄清、澄清，紧紧抓住问题里模糊的、被默认为理所应当的部分不断澄清。

案例8　这么好的机会，我配吗？

咨询师：凌小梅

一、案例背景

来访者，女，J专业专硕研二学生。该同学目前手里有一个成都互联网产品经理岗位的 offer。咨询的问题是不知道自己想要平淡的生活还是在职场中冲一冲。

二、咨询过程

来访者原本预约的线下咨询，但到了时间才发现约错了校区，因此改成了线上咨询。我向学生阐述了咨询性质、时间长度和保密原则，随后开始了咨询。

咨询师：是什么促使你来做这次咨询的？

来访者：最近一直在找工作，我本来是打算留在成都，因此接受了目前手里这个成都的 offer。其实我还有其他的几个面试机会，但都已经拒绝了，我现在有点后悔，觉得要是去了那几个公司的话，也许会更好。

咨询师：听起来你对现在的工作不是很满意？现在这个工作具体是什么呢？

来访者：是成都的一个公司，在某软件园那边。

咨询师：公司具体是做什么的？什么岗位？

来访者：是一个互联网公司，做产品的。

咨询师：所以是互联网公司的产品经理。你对这个工作不满意的地方是什么呢？

来访者：可能就是觉得压力太大了，所以我现在也在考虑别的工作。目前我收到了上海的一家证券公司的实习邀请，如果能完成一个为期10天的实习，就可能拿到工作 offer。但是我就觉得这个实习性价比有点低，万一我花了十天时间却没有拿到 offer，又拒掉了现在的 offer，有点划不来。

咨询师：刚才你好像说过希望留在成都，但这个机会是在上海？

来访者：是的，最理想的情况是留（在）成都，但现在这个机会也不错，我可以先去打拼一下，然后再回来。

咨询师：所以其实你不是必须留在成都？我们可能得明确一下你选择 offer 的标准。

来访者：不不不，我还是想留在成都，哪怕去了上海我也肯定要回来的。地点是最重要的。

咨询师：那为什么不现在就选成都呢？你目前这个成都的 offer 也不错啊。

来访者：成都这个 offer 我觉得压力太大了。

咨询师：如果上海和成都的机会你都拿到手里了，二选一的话，你选哪一个呢？

来访者：如果不论地点，那我肯定选证券这个。但是这个地点的问题让我很纠结。

咨询师：我们梳理一下吧。目前为止你提出了两个问题。第一，成都的这个 offer 要不要留；第二，上海的求职，要不要继续。这是两个问题，我们一个一个来看吧。

来访者：好的。

咨询师：我们还是先来看成都的这家公司，它满足你对工作地点的要求。这个 offer 的工作内容你觉得有意思吗？对薪资满意吗？

来访者：其实我都挺满意的。但是我就是担心压力太大了。

咨询师：你这个担心是从何而来的？

来访者：第二轮面试的时候，面试官是我以后的直属领导，他希望我以后像个创业者一样充满干劲。因此，我就觉得这个工作入职以后一定很忙，工作强度大，压力大。

咨询师：他是在什么情况下讲的这个话呢？是在面试中提问的时候还是在表达了录用之后对你提出的希望？

来访者：是在面试中，我问了他希望应聘者是怎么样的。

咨询师：所以其实你希望找一个工作强度不那么大的工作？

来访者：是的。其实我之前还拒绝了银行的工作，现在有点后悔。当时是觉得银行"去能力化"严重，干了几年以后其他能力就退化了，再也不能跳槽去其他行业。

咨询师：我有一个疑惑，你怎样看待上海那个证券工作的强度？你会觉得它工作强度和压力大吗？

来访者：嗯，目前求职过程中没有觉得。

咨询师：这就很奇怪了。证券行业也是众所周知的工作强度和压力较大的行业。为什么你在考虑这个工作的时候没有这个担忧呢？

来访者：我也不知道。

咨询师：我猜想，也许你感受到的压力并不是来自工作本身的强度，而是你面试遇到的那个领导？听了他说的那句话，你的感受是什么？

来访者：我就一下子觉得压力很大。

咨询师：当时你想到了什么？

来访者：我当时觉得入职以后他可能会有很多要求。

咨询师：你看是不是这种感觉，他当时这句话让你一下子联想到一个场景，领导给你提出了要求、布置了任务，然而你没有把握完成，甚至你就是做不到。

来访者：是的。就是我完成不了老板交代的任务的那种感觉，压力很大。（说话带上了哭腔）

咨询师：所以你对这个工作的压力感并不是来自客观的工作强度本身，而是面试中那个场景让你产生的联想，让你质疑自己，害怕自己胜任不了这份工作。

来访者：是的，我听说互联网公司都很卷，试用期都是有任务指标的，我觉得自己可能完成不了。（开始抽泣）

咨询师：所以目前这个 offer，其实你是满意的，不管是工作地点，还是工作内容和薪资待遇。只是你担心自己入职之后不能胜任工作。你担心出现什么情况、什么后果呢？

来访者：如果过不了试用期，到时候我就得重新找工作。

咨询师：你找过工作，也找到了，你怕什么？

来访者：到时候我就不是校招生了，社招的话，人家不会这么宽容，会更苛刻。

咨询师：为什么你会提到宽容这个词，这个结论是从何而来的呢？

来访者：其实我目前这个 offer，当时有个环节是要完成一个作业。HR 给我的反馈是我做得不算很符合要求。我本来都以为自己没戏了，但是后来还是收到了 offer。我就觉得这很矛盾，我如果不符合要求，为什么要给我 offer，也许是因为校招的时候比较宽容？

咨询师：我感觉你很介意这件事。这是否也让你觉得自己不能胜任这份工作呢？如果抛开这一切，你觉得自己是否能胜任这份工作呢？

来访者：我也不知道。可能我觉得这个单位的看法比较重要吧。如果他们觉得我不能胜任，为什么要给我 offer 呢？

咨询师：你能不能胜任，难道不是只有做了才能知道吗？你也许是在问"我配不配拿这个 offer"。

来访者：对。

咨询师：可是你都已经得到了这个 offer 了呀。这就好像上天给了你一个机会，你却不肯拿在手里，除非上天明确告诉你，你配得上。

来访者：可是我做不好就可能被刷掉。

咨询师：与其被刷掉，不如一开始就放弃，是这样吗？

来访者：（无声哭泣）

咨询师：所以你想要的，并不是一份工作强度低的工作，而是一个保证，保证自己肯定不会遇见完成不了的任务，肯定不会面临挫折和风险。你太害怕这份工作里未知的困难了。

来访者：是的，所以我觉得很焦虑。

咨询师：你认为自己会害怕的原因是因为自己不够强大，能力不够强，对吗？其实这和能力强大与否无关。你会感到害怕这很正常，因为你面对的是未知的领域，你过去没有过工作经验，自然会担心今后的职场生活。

来访者：是的，是这样的。

咨询师：完全杜绝挫折和风险只有一个办法，那就是不要行动，彻底放弃。你正在朝这个方向前进，所以你发现每个选项都不完美。

来访者：老师，我大概知道这件事情的思路了。

咨询师：其实，在真实的情况被你验证以前，你所害怕的那种最坏的情况往往只存在于想象中，但你害怕去验证它。你的问题就好像是你有了一个高富帅的男朋友，但是你觉得自己配不上他，怕他遇到比你更好的人以后抛弃你，于是你开始考虑要不要直接离开他。

来访者：老师，我好像就是缺乏自信，就想待在自己能力范围内。

咨询师：自信是怎么来的呢？为了避免挫折待在舒适圈里并不能建立自信。自信是你在不知道结果的情况下努力尝试，并根据结果的好坏对自己进行更客观的评价，然后你就能建立起一点点自信。勇敢一点，一切都会好的。

来访者：谢谢老师！

咨询师：拿到 offer 是一件值得开心的事情，先好好肯定自己、庆祝庆祝吧。

三、反思与总结

这次咨询表面上是一个选择问题，似乎是要在两个工作机会中二选一。但深入了解后就会发现，来访者的问题症结是在于对未知职业生涯的恐惧。虽然目前获得了一个令她满意的工作机会，但她没有信心面对未来工作中可能遇到的挑战，继而产生了退缩的心理。

一个"好"的工作岗位，一个满足自己地域要求的岗位，一个对自己来说更有把握的工作，看似是标准的不断迁移，实质上是学生对想象中的困难采取了回避策略，而回避策略会让人一退再退，最后彻底地放弃。理智上我们都知道把孩子和洗澡水一起倒掉是可笑的选择，但当退缩以"Plan B"和"保底"的名义出现，因噎废食似乎就成了顺理成章的事情。

来访者的问题当然还有继续深入探讨的空间，例如，探索这种恐惧心态习惯的机制和来访者自我认同较低的缘由等。但出于来访者目前并没有这方面的强烈诉求，以及职业生涯咨询的关注领域限制等原因，我没有继续深入。毕竟只要聚焦于当下学生的需求，一切问题总会迎刃而解。

编后记

编写这本案例集的过程充满了烦恼也充满了快乐。烦恼是在于一切从零开始，要如何编写一本有意义、不流于形式的案例集整个团队都没有经验，从案例筛选、框架分类到点评修订都遇到了不少问题。快乐是在于，在打磨的过程中我们不断在进步、成长，最大限度实现了自己的想法。这本书的每一个文字都是用心撰写的，不管是案例作者，还是编委组，大家都尽力在表达着自己的真实想法，希望以此真诚交流，在职业生涯咨询的道路上能走得更远。

真诚，是我们希望这本案例集呈现的要素。它是职业生涯咨询起效的重要条件，也是一个咨询师成长之路上必不可少的核心信念。它意味着咨询师对生命和成长有深刻的认识。这种认识必然是一种顺其自然的哲学，认识到《道德经》里所说的"天长地久，天地所以能长且久者，以其不自生，故能长生；是以圣人后其身而身先，外其身而身存，非以其无私邪？故能成其私"这样一种以真实成就生命的智慧。

抱着这样信念的咨询师是一面纯净的镜子，能帮助来访者看到自己困惑下那个由内心的真相与头脑的标准造成的冲突；也是一双温柔的手，在抱持中唤醒来访者对真实自我的信心和期待。

通过编写这本书，我们也试图讨论并尽力展现心目中"好的职业生涯咨询"的标准和职业生涯咨询师需要努力的方向。简单来说，一个好的职业生涯咨询师，必然能够在咨询中"下得去，上得来"。

"下得去"是指咨询师能真正设身处地理解学生所面临的问题和情绪感受，并能够承受这个理解所带来的相应的能量反应，也就是所谓的用心接纳、深刻共情。在这个基础上，咨询师才有可能厘清来访学生的真正问题，并开展工作。

"上得来"是指咨询师"知道"学生面对的困境如何解决，这个"知道"不单是指知道一个具体问题的技术性处理，更多是在人生课题、生命哲学上的体验和积累，对生命自我实现过程的信心和信念的传递能力。

要实现这样的专业化发展，一个咨询师需要在咨询中和咨询后不断地内观、体验，充分挖掘自己的意识与潜意识，练习观察和接纳自我，丰富自己的心灵体验，最终锻造出属于自己的核心信念。而这正是撰写本案例集的意义所在。

职业生涯咨询在国内兴起不过十余年，仍然算是一个相当新鲜的事物。2021年教育部开展全国高校职业生涯咨询特色工作室评选后，开设职业生涯咨询服务的高校越来越多，但常规化、体系化进行案例编撰工作的仍较少。这本书作为一本抛砖引玉之作，难免还有各种不足，但希望通过此书能引起大家对案例工作的重视，引领业界进行更多有益尝试和探索。

编者

2024 年